V E L

A B E T

ÇAIS,

imple et facile d'ap-
et à lire le Français

R

N O O R T.

française à Zutphen.

edition.

ZUTPHEN,
C. A. THIEME.
2.

NOUVEL ALPHABET FRANÇAIS,

contenant une manière simple et facile d'apprendre l'orthographe et à lire le Français

PAR

MATTH. VAN OORT.

Ancien maître d'école française à Zutphen.

Deuxième edition.

IMPRIMÉ à ZUTPHEN,
CHEZ ET POUR H. C. A. THIEME.

1812.

[illegible]

AVANT-PROPOS.

Ayant trouvé, par une assez longue expérience, que les ouvrages qu'on met entre les mains des enfans, pour leur enseigner les principes de la lecture, ne produisent pas tous les fruits qu'on peut désirer, j'ai composé celui-ci, pour l'usage de mon école; et comme il m'a procuré les avantages que j'avois envain cherchés ailleurs, je crois devoir l'offrir au public, dans l'espérance qu'il lui sera aussi utile.

(4)
Lettres Romaines.

ABCDEFGHIJLMNOP
QRSTUVXYZ.

a b c d e f g h i j l m n o
p q r s t u v x y z.

Lettres Italiques.

ABCDEFGHIJLMN
OPQRSTUVXYZ.

a b c d e f g h i l m n o p
q r s t u v x y z.

Lettres d'écriture.

ABCDEFGHIJLM
NOPQRSTUVXYZ.

a b c d e f g h i j l m
n o p q r s t u v x y z.

Les voyelle sont:
A, E, I, O, U, Y.

Les

Les consonnes sont :

B C D F G H J L M N P Q R S T V X Z.

NB. L'alphabet français n'a ni K ni W, on ne
s'en sert en français que dans les mots et
les noms étrangers.

Signes orthographiques.

L'accent aigu (´), l'accent grave (`), l'accent
circonflexe (ˆ), le tréma (¨), l'apostrophe ('),
le trait d'union (-), la cédille (ç), la parenthèse
(), les crochets [], et les guillemets („).

Figures qui servent à la ponctuation.

La virgule (,), le point et la virgule (;), les
deux points (:), le point (.), le signe d'interro-
gation (?), et le signe d'admiration (!).

Syllabes primitives.

Ba	Be	Bi	Bo	Bu
Ca	Ce	Ci	Co	Cu
Da	De	Di	Do	Du
Fa	Fe	Fi	Fo	Fu
Ga	Ge	Gi	Go	Gu
Ha	He	Hi	Ho	Hu
Ja	Je	Ji	Jo	Ju
La	Le	Li	Lo	Lu
Ma	Me	Mi	Mo	Mu
Na	Ne	Ni	No	Nu
Pa	Pe	Pi	Po	Pu
Qua	Que	Qai	Quo	Qu
Ra	Re	Ri	Ro	Ru
Sa	Se	Si	So	Su
Ta	Te	Ti	To	Tu
Va	Ve	Vi	Vo	Vu
Xa	Xe	Xi	Xo	Xu
Za	Ze	Zo	Zo	Zu

ça	——	——	ço	çu
Gea			Geo	Geu
Gna	Gne	Gni	Gno	Gnu
Pha	Phe	Phi	Pho	Phu
	Pré	Près	Prêt	

Mots d'une Syllabe par ordre Alphabétique.

A.	Bec	Brout	Chez
Ah	Bel	Bru	Chien
Ail	Bien	Bruit	Choeur
Air	Bil	Brun	Choix
Ais	Bis	Brut	Christ
An	Blanc	Bu	Chut
Août	Bled	Buis	Ciel
Arc	Bleu	Busc	Cil
Ars	Bloc	But	Cinq
Art	Blond	C.	Clair
As	Boeuf	Camp	Clef
Au	Bois	Cap	Clin
Aux	Bol	Car	Clou
	Bon	Cas	Coeur
B.	Bond	Ce	Coin
Bac	Bord	Ceint	Col
Bai	Bot	Cent	Coq
Bail	Bouc	Cep	Cor
Bain	Bourg	Cerf	Corps
Bal	Bout	Chair	Cou
Ban	Bran	Champ	Coup
Banc	Bras	Chant	Cour
Bard	Brin	Chat	Court
Bas	Bris	Chaud	Craint
Bât	Broc	Chaux	Creux
Bau	Broie	Chef	Cri
Beau	Brou	Cher	Crin
			Croc

A 4

Croc	Dont	Faux	Frais
Croix	Dos	Feint	Franc
Cru	Dot	Fer	Francs
Crud	Doux	Feu	Frein
Cuir	Drap	Fi	Fret
Cuit	Droit	Fief	Frit
	Dru	Fiel	Froc
D.	Du	Fier	Froid
	Duc	Fil	Front
Da	Dur	Fils	Fruit
Daim		Fin	Fuir
Dais	**E.**	Flan	Fust
Dam		Flanc	Fut
Dans	Eau	Fleur	
Dard	Eaux	Flot	
De	Eh	Flux	**G.**
Dent	En	Foi	
Des	Es	Foin	Gai
Dès	Est	Fois	Gain
Deuil	Et	Fol	Gant
Deux	Eux	Fond	Geai
Dieu		Fonds	Gens
Dit	**F.**	Fonts	Gent
Dix		For	Git
Doigt	Fa	Fort	Gland
Dol	Faim	Fou	Glas
Dom	Fait	Four	Glu
Don	Fard		Gond
Donc	Fat		Gourd
	Faut		Goût
			Grain

A

Grain	† Hoo	Joug	Lods
Grand	Hoir	Jour	Lof
Grandis	† Hors	Juif	Loi
Gras	Hui	Juin	Loin
Grat	Huis	Jus	Loir
Gré	Huit		Loix
Grec		**L.**	Long
Grès	**I.**	La	Lors
Gril		Lac	Lot
Gris	If	Lacs	Lots
Gros	Il	Lai	Loup
Guet	Ils	Laid	Lourd
Gueux	In	Lait	Lui
Gui		Laps	Lut
	J.	Lard	Luth
	Jacht	Las	
	Jais	Lé	
H. (†)	Jan	Lent	
	Jar	Les	**M.**
† Ha	Je	Lest	
† Hard	Jean		
† Haut	Jet	Leur	Ma
† Hé	Jeu	Lien	Mai
† Hem	Jeun	Lieu	Mail
† Heu	Jeux	Lieux	Main]
Heur	Job	Lin	Maint
† Heurt	Joie	Linx	Mais
Hier	Joint	Lis	Mal
† Ho	Jonc	Lit	Marc
			Mars

†) Les H marquées d'une † s'aspirent.

Mars	Muid	Œufs	Pied
Mat	Mur	Oh	Pieu
Maux	Musc	Oie	Pis
Mer	**N.**	Oing	Plaid
Mes		Oint	Plain
Mets	Nain	On	Plaint
Mi	Nard	Or	Plan
Miel	Ne	Os	Plat
Mien	Né	Ou	Plein
Mieux	Nef	Où	Pleur
Mil	Net	Ouf	Pli
Mis	Neuf	Ours	Plomb
Moeuf	Nez		Plus
Moeurs	Ni	**P.**	Poids
Moi	Nid		Poil
Mois	Noeud	Pain	Poids
Moins	Noir	Pair	Point
Mol	Noix	Paix	Poix
Mon	Nom	Pal	Pont
Mons	Non	Pan	Porc
Mont	Nord	Par	Port
Mords	Nos	Parc	Pot
Mors	Nous	Part	Pouls
Mort	Nud	Pas	Pour
Mot	Nuit	Paul	Pré
Mou	Nul	Peau	Près
	O.	Peint	Prêt
	Œil	Peu	Pris
	Œuf	Peur	
		Pic	

Prix

Prix
Proie
Prompt
Pais
Puits
Pur

Q.

Quai
Quand
Quant
Quart
Que
Quel
Qui
Quint
Quoi

R.

Rais
Rang
Rapt
Ras
Rat
Re
Rein
Rets
Rez
Ric
Rien

Ris
Rit
Roc
Roi
Rond
Rot
Roux
Rum
Rut
Ruth

S.

Sa
Sac
Saint
Sang
Sans
Sauf
Saur
Saut
Sceau
Scel
Scie
Se
Sec
Sein
Seing
Sel

Sens
Seoir
Sep
Sept
Serf
Ses
Seuil
Seul
Si
Sied
Sien
Six
Soc
Soeur
Soi
Soie
Soif
Soin
Soir
Soit
Sol
Son
Sor
Sort
Sot
Sou
Sourd
Sous

Stuc
Suc
Sud
Suif
Sur

T.

Ta
Tac
Tact
Taie
Tain
Talc
Tan
Tant
Tard
Tas
Taux
Te
Teint
Tel
Temps
Têt
Thé
Thon
Tic
Tien
Tiens
Tiers

Tiers	Tronc	Van	Voeu
Toi	Trop	Vaut	Voeux
Toit	Trot	Vaux	Voir
Ton	Trou	Veau	Voie
Tors	Truc	Vend	Vois
Tort	Truie	Vent	Voix
Tôt	Tu	Ver	Vol
Tour	Tuf	Verd	Vos
Tous	Turc	Vers	Vous
Tout	**U.**	Veuf	Vrai
Toux	Un	Vie	Vu
Train	Us	Vieil	**Y.**
Trait	Ut	Vieux	Yeux
Très	**V.**	Vif	**Z.**
Treuil	Va	Vil	Zain
Trin	Vain	Vin	Zest
Troc	Vair	Vingt	Zinc
Trois	Val	Vis	

Mots de deux syllabes par ordre Alphabétique.

A.	A - mi	B.	Blan - che
A - bord	A - mour	Bail - ler	Bles - ser
Ab - cès	An - chois	Ba - bil	Boi - re
Ab - sent	An - ge	Ba - gue	Bom - be
Ac - cent	An - glois	Bai - gner	Bon - heur
Ac - cès	Ap - pris	Bai - ser	Bon - jour
Ac - cueil	A - près	Bais - ser	Bon - té
A - chat	Ar - bre	Bar - bier	Bor - gne
Ac - teur	Ar - çon	Bar - que	Bou - che
Ac - tif	Ar - dent	Ba - teau	Bou - chon
A - droit	Ar - gent	Ba - tir	Bou - cle
Af - freux	Ar - mé	Bâ - ton	Bou - din
Af - front	A - spect	Beau - coup	Bou - geoir
A - fin	As - sez	Bé - nir	Bouil - lon
A - gé	Au - cun	Ber - ceau	Bou - quet
A - gir	Au - ne	Ber - ger	Bour - geois
A - gneau	Au - près	Be - soin	Bour - geon
Ai - der	Aus - si	Be - tail	Bras - seur
Ai - gle	Au - teur	Beur - re	Bre - bis
Ail - leurs	Au - vent	Bi - chon	Bré - che
Ai - mer	A - vant	Bien - tôt	Bri - gand
Ai - né	A - vec	Bi - gnet	Bril - lant
Ain - si	A - veu	Bi - net	Bro - cher
A - lors	A - voir	Bis - cuit	Brus - que
A - mant	A - vril	Bla - mer	Bru - tal
			Bu -

Bu - veur	Cha - os	Dau - phin	Dog - me
C	Cha - peau	Dé - bris	Don - né
Ca - cher	Char - bon	Dé - dain	Dor - mir
Ca - chet	Char - ge	De - gré	Dos - sier
Ca - deau	Char - mé	Dé - jà	Dou - blet
Ca - fé	Chas - te	Dé - lai	Dou - ce
Ca - ge	Châ - teau	Dé - pit	Dou - ceur
Ca - hier	Chauf - fer	De - puis	Dou - teux
Cail - le	Che - val	Der - nier	Dou - ze
Cal - cul	Che - veux	Dé - sert	Drag - me
Ca - nard	Che - vreuil	Dé - sir	Dra - gon
Can - deur	Chi - nois	Des - sein	Dra - peau
Cap - tif	Cho - quer	Des - sus	Dra - pier
Ca - quet	Chré - tien	Dé - tail	Dres - ser
Ca - min	Chu - te	De - voir	Dres - soir
Car - reau	Ci - seaux	Dic - ter	Dril - le
Cas - sé	Clin - quant	Dî - né	Dro - gue
Cein - dre	Co - che	Di - rect	Drô - le
Ce - lui	Co - gner	Dis - cours	Du - ché
Cen - sier	Co - rail	Dis - cret	Du - el
Cer - ceuil	Cou - cher	Di - sert	Du - pé
Cer - feuil	Cou - poir	Dis - tinct	Dur - cir
Cer - tain	Crê - me	Dis - trait	
Cha - grin	Croi - seur	Dix - huit	**E.**
Cham - bre	Cu - vier	Dix - sept	E - chec
			E - cho
Cha - meau	**D.**	Doc - te	E - choir
Chan - son	Dai - gner	Do - ge	E - clair
			E —

E - clat	Es - poir	Fau - cher	Frag - ment
E - crit	Es - prit	Fau - teuil	Frai - che
E - dit	Es - quif	Faux-bourg	Fran - çois
Ef - froi	Es - saim	Fein - dre	Frap - per
E - gal	Es - sai	Fem - me	Fré - quent
E - gard	E - tain	Fen - dre	Frè - re
E - mail	E - tang	Fe - nouil	Fri - and
E - maux	E - tat	Fer - mé	Fril - leux
Em - pan	E - té	Fê - te	Froi - deur
Em - ploi	E - teint	Feuil - le	Fro - ment
Em - pois	E - troit	Fi - cher	Frui - tier
En - clin	E - tui	Fil - le	Fu - reur
En - cre	Ex - act	Fix - e	Fu - seau
En - droit	Ex - cès	Flam - beau	Fu - sil
En - fant	Ex - empt	Flan - qué	Fu - tur
En - fer	Ex - ploit	Flé - au	
En - fin	Ex - près	Flè - che	**G.**
En - flé	Ex - quis	Foi - ble	
En - fuir	Ex - trait	For - ce	Ga - ge
En - nui		For - fait	Ga - gner
En - tier	**F.**	For - tuit	Gail - lard
En - trer		Fou - dre	Ga - lop
En - vers	Fa - ble	Fou - gue	Gar - çon
En - vieux	Fa - çon		Gar - nir
E - pais	Fac - teur	Fouil - ler	Gas - con
	Fai - re		
E - poux	Fal - loir	Four - chon	Gâ - teau
	Far - cir	Four - neau	Gau - che
Er - reur	Far - deau	Fra - cas	Gau - lois
			Ga-

Ga - zon	Gra - ver	*Ha - reng	Hon - neur
Gé - ant	Grê - lé	*Har - nois	*Hon - te
Gé - ner	Gre - nier	*Har - pe	*Ho - que
Gen - re	Grif - fon	*Ha - sard	Hor - reur
Gen - til	Gri - gnon	*Hâ - te	*Hou - blon
Ger - be	Gril - le	*Hau - bois	*Houil - le
Ger - main	Grim - per	*Haus - ser	*Hous - soir
Gi - bier	Gros - sir	*Hau - teur	*Hu - che
Gla - ce	Gru - au	*Ha - vre	Hui - le
Gla - cis	Guel - drois	*Hen - nir	Hu - main
Gla - çon	Guer - re	*He - raut	Hum - ble
Glai - ve	Gueu - le	Her - be	Hu - meur
Glis - ser	Gui - chet	*Hé - ron	*Hu - ne
Glo - be	Gui - der	*Hê - tos	*Hu - nier
Glou - ton	Gui - gner	Heu - re	*Hu - re
Glu - er	H. [†]	Heu - reux	*Hur - ler
Gol - fe	Ha - bit	*Heur - toir	
Gon - fler	*Ha - bler	*Hi - bou	I.
Gor - ge	*Ha - che	*Hi - deux	I - bis
Gouf - fre	*Ha - choir	Hi - ver	I - choir
Goû - ter	*Hail - lon	*Ho - cher	I - ci
Grais - ser	*Ha - ïr	*Ho - mard	I - dem
Gran - ge	*Ha - meau	*Hom - me	I - le
Gra - ter	*Han - che	*Hon - gre	I - lot
Gra - tuit	*Han - ter		Im - bu
			Im -

Im-pair	Is-sas	Jau-ne	Ju-ré
Im-pôt	Is-ser	Jau-nir	Ju-rer
Im-pur	Is-su	Je-ter	Jus-que
In-cart	Isth-me	Je-ton	Jus-te
In-clus	I-tem	Jeu-di	
In-de	I-vroie	Jeû-ne	**L.**
In-dex		Joi-gnant	La-beur
In-dien	**J.**	Join-dre	Lâ-che
In-du		Jo-li	Lai-deur
In-dule	Ja-ble	Jon-cher	Las-ser
In-fant	Ja-bot	Jou-ant	Lai-ton
In-fect	Ja-cob	Jou-er	Lam-beau
In-fus	Ja-dis	Jou-eur	Lam-bin
In-grat	Jail-lir	Jou-ir	Lan-cer
In-né	Ja-let	Jou-nal	Lan-gue
In-ftant	Ja-loux	Ju-bé	Lan-guir
In-ftar	Ja-mais	Ju-cher	La-pin
In-ftinct	Jam-be	Ju-choir	Lar-cin
In-ftruit	Jam-bon	Ju-ge	Lar-ge
In-su	Jan-vier	Ju-ger	Lar-ron
In-tact	Jap-per	Jui-ve	Las-ser
In-trus	Jar-din	Ju-mart	La-tin
I-re	Jar-gon	Ju-meau	Lau-rier
I-ris	Jar-ret	Ju-ment	Lè-cher
I-sard	Ja-ser	Ju-pe	Le-çon
Is-sant	Jas-min	Ju-pin	Lec-teur
	Jat-te	Ju-pon	Lé-preux
	Jau-ge		Let-tre
		B	**Le-**

Le - vain
Le - vier
Li - ard
Li - bre
Li - cou
Li - é
Li - gne
Li - gueur
Li - mier
Li - mon
Lin - ge
Li - on
Li - queur
Li - re
Lis - te
Li - vre
Lo - dier
Lo - gis
Loin - tain
Loi - sir
Lon - gueur
Lor - gner
Lors - que
Lou - che
Lou - is
Lour - daud
Lu - eur

Lus - tre
Lux - e

M.

Mâ - cher
Ma - çon
Mai - gre
Mail - le
Main - tien
Mai - son
Maî - tre
Ma - jeur
Mal - fait
Mal - gré
Mal - heur
Ma - lin
Man - che
Man - ger
Man - quer
Man - teau
Mar - chand
Mar - que
Mas - que
Ma - tin
Mau - dit
Mau - vais
Mé - chant
Meil - leur

Mê - me
Men - ton
Mer - ci
Mer - lan
Meu - ble
Mic - mac
Mi - gnon
Mi - lieu
Mi - nuit
Mi - roir
Mix - tel
Moin - dre
Mois - son
Moi - tié
Mo - ment
Mon - sieur
Mo - quer
Mor - tel
Mor - veux
Mou - che
Mou - choir
Mouil - ler
Mous - quet
Mu - gir
Mus - cat
Mus - quer

N.

Na - cre
Na - dir
Na - ge
Na - if
Nai - tre
Nap - pe
Nar - gue
Nar - rer
Na - seau
Na - tal
Na - tif
Na - tier
Na - val
Na - vré
Né - ant
Nec - tar
Nef - fle
Nè - gre
Nei - ge
Ner - veux
Neu - tre
Neu - ve
Ne - veu
Ni - ais
Ni - che
Ni - er
Ni -

Ni - gaud
Nip - pé
Ni - que
Ni - tre
Ni - veau
No - ble
No - ce
No - cher
No - ël
Noir - cir
Noi - se
Nom - bre
Nom - bril
Nom - mer
Nor - mand
No - ter
No - tre
Nou - er
Nou - rir
Nou - veau
Nou - vel
Nu - e
Nui - re

O.

Obs - jet
Obs - cur

O - cre
O - de
O - deur
O - dieux
Oeil - let
Oeu - vre
Of - fert
Of - frir
O - gnon
Ol - gnon
Oin - dre
Oi - seau
Oi - sif
Oi - son
Om - bre
On - cle
On - dé
On - gle
On - guent
On - ze
Op - ter
O - tal
Or - be
Or - dre
Or - gue
Or - gueil
O - rin

Or - le
Or - me
Or - min
Or - né
Or - teil
Or - tier
O - ser
O - sier
O - ter
Ou - bli
Ou - che
Ou - est
Ou - ir
Our - dir
Our - ler
Our - let
Our - se
Ou - tre
Ou - til
Ou - vert
Ou - vrir

P.

Pa - ge
Pail - lard
Paî - tre
Pa - quet
Pa - reil

Par - fait
Par - fum
Par - tir
Pâ - té
Pen - cher
Per - çant
Per - drix
Pè - re
Per - sil
Pes - te
Peu - ple
Phé - nix
Phra - se
Pi - gnon
Pin - çon
Pi - tié
Pla - fond
Plain - dre
Plai - sir
Plan - che
Pleu - voir
Pli - oir
Plon - geon
Po - che
Poë - le
Poi - gnard
Poin - çon
Poi -

Poi - son	Quel - qu'un	Ran - çon	Ri - gueur
Pois - son	Que - rir	Ran - ger	Rin - cer
Por - tail	Queu - e	Ra - soir	Ri - re
Por - trait	Qui - gnon	Ra - teau	Ris - quer
Pour - point	Quil - le	Ray - er	Ri - val
Prê - cher	Quil - ler	Ré - cit	Ro - cher
Pre - mier	Quil - lier	Re - cueil	Ro - gner
Pres - crit	Quin - tal	Ré - el	Roi - de
Prin - temps	Quin - te	Re - flux	Rom - pre
Pro - chain	Quin - teux	Ré - gir	Ron - fler
Pro - grès	Quin - ter	Re - grès	Rô - tir
Pro - pre	Quin - ze	Re - mords	Rouil - ler
Pru - dent	Quit - te	Rem - plir	
Pseau - me	Quit - ter	Ren - dre	**S.**
Puis - que	Quoi - qu'il	Ren - tre	Sa - ble
Pu - nir	Quo - tient	Ren - voi	Sa - fran
Pur - ger		Re - pas	Sai - gnant
	R.	Re - pos	Sail - lir
Q.	Ra - bat	Res - sort	Sai - sir
Qua - drat	Ra - chat	Ré - tient	Sal - lut
Quar - ré	Ra - deau	Re - tour	Sa - phir
Quar - taud	Ra - goût	Ré - veil	Sau - ge
Quar - te	Rai - fort	Rê - ver	Sau - ter
Quar - tier	Rail - leur	Re - voir	Scul - per
Qua - train	Rai - sin	Ri - che	Se - cond
Qua - tre	Rai - son	Ri - deau	Se - cours
Quel - le	Ra - meau	Ri - eur	Se - gle
Quel - que	Ram - per		Sei -

Sei - gneur	Suc - cès	Tré - sor	Tro - gnon
Sé - jour	Su - er	Ti - gne	Tro - quer
Sem - blant	Sui - te	Toi - le	Trou - bler
Sen - tier	Sui - vre	Toi - son	Trou - peau
Ser - ment	Su - jet	Tom - beau	Trou - vé
Ser - vir	Sur - nom	Tor - chon	Tu - er
Sex - e	Sur - plus	Tor - rent	Tui - le
Sif - fler	Sur - pris	Tou - ché	Tur - bot
Si - gnal	Sur - tout	Tou - jours	
Sin - ge	Sus - pect	Tous - ser	**U.**
Si - phon		Tra - duit	U - lan
So - fa	**T.**	Tra - hir	Ul - tra
Sol - dat		Taî - ner	U - ne
So - leil	Ta - bac	Tra - jet	U - ni
Som - meil	Ta - che	Tran - chant	U - nir
Sou - che	Tail - ler	Trans - port	U - re
Souf - fert	Ta - lent	Tra - quet	Ur - gent
Souf - frir	Tem - bour	Tra - vail	Ur - ne
Sou - hait	Tan - tôt	Tra - vers	U - se
Sou - mis	Tâ - ter	Treil - le	U - ser
Soup - çon	Tax - e	Trei - ze	**V.**
Sour - ce	Tei - gne	Tren - te	
Sou - ris	Tem - ple	Tre - teau	Va - cant
Sou - vent	Te - nir	Tri - bu	Va - che
	Ter - re		Vail - lant
Spec - tre	Ter - roir	Tri - cher	Vain - cre
	Tê - te		Vais - seau
Sphè - re	Tex - te	Tri - ple	Va - let
Splen - deur	Thê - me	Tris - te	Va - leur
			Val

Val - lon	Vé - nus	Voi - là	**Z.**
Va - loir	Ver - di	Voi - le	Za - fre
Van - ter	Ver - ge	Voi - sin	Za - gu
Va - peur	Ver - meil	Vo - lé	Za - ni
Va - se	Ver - ser	Vo - mir	Zé - bre
Vas - sal	Ver - tu	Vou - loir	Zè - le
Vau - rien	Ves - te	Vui - der	Zè - lé
Vau - tour	Veuil - le	**X.**	Zé - nith
Veil - le	Vex - er	Xa - gua	Zé - non
Vei - ne	Vieil - lard	Xi - lon	Zé - phir
Ve - lours	Vieil - le	Xi - sir	Zé - ro
Ven - deur	Vier - ge	Xis - te	Zes - te
Ven - dre	Vi - gne	Xa - tas	Zig - zag
Ven - ger	Vi - gueur	**Y.**	Zin - gi
Ve - nin	Vi - lain		Zo - ne
Ve - nir	Vi - te	Ye - col	Zon - nar
Ven - ter	Vi - vier	Yeu - se	Zy - thum
Ven - tre	Voi - ci	Y - ga	

Mots de trois Syllabes par ordre Alphabétique.

A.	An-guil-le	B.
A-bais-ser	A-ni-mal	Ba-bil-lard
A-beil-le	Ap-pel-ler	Ba-ga-ge
A-bla-tif	Ap-pro-che	Ba-guet-te
A-bou-cher	Ar-bi-tre	Bail-li-vre
Ab-sen-ce	Ar-chi-duc	Ba-la-fre
Ab-sou-dre	Ar-chi-pel	Bal-da-chin
Ab-strai-re	Ar-gi-le	Bal-ti-que
Ac-cep-ter	Ar-ra-cher	Bam-bo-che
Ac-cueil-lir	As-sail-lir	Ba-nil-le
Ac-ti-on	As-si-gner	Ba-niè-re
Af-fa-ble	A-si-le	Bap-tê-me
Af-fli-gé	At-ta-ché	Ba-ra-que
Af-foi-blir	At-ta-quer	Bar-ba-re
A-gré-er	Aug-men-ter	Bar-bi-che
A-gré-ment	Au-ro-re	Bar-bil-lon
Ai-guil-le	Au-tre-ment	Bar-bouil-ler
A-lai-ter	Au-tru-che	Bar-gui-gner
Al-gè-bre	A-vant-hier	Bas-se-cour
Al-le-mand	A-veu-gle	Ba-tail-le
A-mai-grir	A-vi-ser	Ba-tail-lon
A-mi-tié	A-voi-ne	Ba-te-lier
A-mou-reux	A-vou-er	Beau-frè-re
A-mu-ser	A-zu-ré	Be-cas-se
An-cê-tres	A-zy-me	Be-gueu-le
An-douil-le		Bel-gi-que

      Be-

Be - quil - le
Be - sa - ce
Be - so - gne
Bi - gar - ré
Bla - ma - ble
Blan - chail - le
Blas - phè - me
Bos - pho - re
Bou - lan - ger
Bou - teil - le
Bran - dil - ler
Bra - va - che
Bre - douil - le
Bre - hai - gne
Bri - ga - dier
Bron - cha - de
Brous - sall - les
Bru - net - te
Brus - que - ment
Bu - che - ron
Bul - le - tin
Bur - les - que
Bu - vet - te
Bu - veu - se

C.

Ca - ba - ret
Ca - che - ter
Ca - den - ce
Ca - lè - che
Ca - le - çon
Ca - li - ce
Cam - pa - gne
Ca - mail - le
Can - grè - ne
Can - ton - ner
Ca - po - ral
Ca - pri - ce
Ca - pu - chon
Ca - rê - me
Car - na - ge
Car - re - four
Car - rie - re
Cein - tu - ron
Cé - les - te
Cer - vel - le
Ces - si - on
Cha - gri - nant
Cham - pi - gnon
Cha - pi - tre
Cha - ri - té
Cha - tai - gne
Chauf - fa - ge
Che - vil - le
Cir - con - spect
Cel - lo - ge
Com - pa - gnon

Com - pren - dre
Con - ce - voir
Con - fron - ter
Con - seil - ler
Con - spi - rer
Con - tre - poil
Co - quil - le
Cou - chet - te
Cou - ra - ge
Court - bouil - lon
Cré - an - ce
Cri - mi - nel
Cri - ti - que
Crois - san - ce
Cru - au - té
Cui - si - ne
Cu - lo - te
Cu - re - pied
Cu - ri - eux

D.

Dam - na - ble
Da - moi - seau
Dan - ge - reux
Dé - bau - che
Dé - bou - cher
Dé - brouil - ler
Dé - cem - ment
Dé - chaus - sé

Dé -

Dé-cou-cher	Dou-ce-ment	Em-blê-me
Dé-cou-vert	Dou-ce-reux	E-mou-voir
Dé-cro-cher	Dou-zai-ne	Em-pê-ché
Dé-dai-gner	Dra-gé-e	Em-pei-gne
Dé-es-se	Droi-te-ment	Em-plâ-tre
Dé-fail-lir	Droi-tu-re	Em-por-ter
Dé-fec-tif	Du-ca-ton	En-clu-me
Dé-fen-dre	Du-ches-se	En-dur-cir
Dé-fé-rer	Du-e-ment	En-frein-dre
Dé-gor-ger	Du-pli-que	En-gean-ce
Dé-gui-ser	Du-ré-e	En-hui-ler
Dé-is-me	Du-ril-lon	En-join-dre
Dé-mê-lé	**E.**	En-nuy-er
Dé-ni-cher	E-bau-cher	En-rhu-mé
De-re-chef	E-blou-ir	En-rô-ler
Der-riè-re	E-ca-cher	En-sei-gner
Dés-or-dre	E-cail-le	En-sem-ble
Dés-u-nir	E-chap-per	En-sui-te
Dé-tail-ler	E-chauf-fer	En-ten-dre
Di-gni-té	E-chi-gner	En-tê-té
Di-lay-er	E-co-le	E-par-gne
Di-man-che	E-cri-vain	E-pau-le
Di-vi-ser	Ef-fray-er	E-pé-e
Dix-iè-me	E-gli-se	E-pon-ge
Doc-tri-ne	E-lec-teur	Es-pa-ce
Dom-ma-ge	E-lo-ge	Es-pa-gnol
Dou-ai-re	E-loi-gné	Es-pi-on
Dou-bla-ge	Em-bar-quer	E-toi-le

E - ven - tail
Ex - al - ter
Ex - cep - ter
Ex - em - ple
Ex - i - ger
Ex - pli - quer
Ex - pri - mer
Ex - trê - me

F.

Fa - bri - que
Fa - ça - de
Fa - ci - le
Fac - ti - on
Fai - ta - ge
Fa - mil - le
Fan - fa - ron
Fa - rou - che
Fau - cha - ge
Fe - nê - tre
Fé - o - dal
Fer - ti - le
Feuil - le - ter
Fi - a - cre
Fi - gu - ré
Fi - nes - se
Flex - i - ble
Flux - i - on
Foi - bles - se
Fo - li - e

Fonc - ti - on
Fon - driè - re
Fon - tai - ne
For - fai - re
For - ge - ron
For - mu - le
Fou - i - ne
Four - chet - te
Four - ra - ge
Four - ru - re
Fra - cas - ser
Frac - ti - on
Fra - gi - le
Fram - boi - se
Fran - che - ment
Fran - chi - se
Fra - ter - nel
Frau - du - leux
Fré - quen - ce
Fri - a - ble
Fri - an - der
Fri - cas - ser
Fri - vo - le
Froi - du - reux
Fro - ma - ge
Fu - mé - e
Fu - nè - bre
Fu - nes - te

Fu - ri - eux
Fu - tail - le

G.

Ga - dou - ard
Ga - gna - ge
Gail - lar - de
Ga - lé - e
Ga - lè - re
Gam - bil - ler
Gar - gouil - ler
Gar - ne - ment
Gar - ni - son
Ga - zet - te
Gé - né - ral
Gé - né - reux
Ge - nè - se
Gé - ni - tif
Gé - o - lier
Gé - ron - dif
Glo - ri - eux
Go - gail - le
Go - gue - nard
Go - thi - que
Gou - i - ne
Gour - ma - de
Gou - ver - nail
Gou - ver - ner
Gra - ci - eux

Gram -

Gram - mai - re	Ha - bil - lé	* Ho - che - pied
Gra - tui - té	Ha - bi - té	* Ho - che - pot
Gra - vel - le	* Ha - la - ge	* Hol - lan - de
Gra - vu - re	Ha - lei - ne	* Hol - lan - dais
Gre - na - de	* Ha - le - ter	Hom - ma - ge
Gre - na - dier	* Ha - me - çon	Hon - nê - te
Gre - nail - le	* Han - ne - ton	* Hon - teu - se
Gre - nouil - le	* Ha - ran - gue	Ho - pi - tal
Gril - la - de	* Har - ce - ler	Ho - rai - re
Gri - ma - ce	* Har - di - ment	Ho - ri - son
Grim - pe - reau	* Ha - ri - cot	Hor - lo - ge
Gri - ot - te	* Har - pi - e	Hor - ri - ble
Gri - sail - le	* Hau - te - ment	* Hou - blon - ner
Gri - set - te	* Hau - tes - se	* Hou - let - te
Gron - deu - se	* Ha - zar - deux	* Hour - da - ge
Gro - seil - le	Hé - bé - té	Hu - gue - not
Gros - ses - ses	Her - ba - ge	Hui - tai - ne
Gué - a - ble	Her - biè - re	Hum - ble - ment
Gué - ri - don	* Hé - ris - sé	Hu - mec - ter
Gué - ri - son	Hé - ri - ter	Hu - mi - de
Guil - lau - me	Her - mi - ne	Hu - mi - lier
Guil - le - mets	Her - mi - te	* Hur - le - ment
Guin - da - ge	* Hé - si - ter	L
Gui - né - e	Heu - reu - se	I - dé - al
Gui - tar - re	His - toi - re	I - dé - e
H (†)	Hi - ver - ner	I - do - le
Ha - bi - le	* Ho - be - reau	I - gno - ble

I -

(†) Les H marquées d'une * s'aspirent.

I - gno - rant	In - é - gal	Jam - bet - te
Il - lus - tre	In - fli - ger	Jam - bon - neau
I - ma - ge	In - fu - ser	Jar - di - ner
I - mi - ter	In - hu - main	Jar - di - nier
Im - mor - tel	In - jus - te	Jar - gon - ner
Im - par - fait	In - no - cent	Jau - gea - ge
Im - pa - tient	In - sec - te	Jau - nâ - tre
Im - pli - quer	In - se - rer	Jau - nis - se
Im - plo - rer	In - sis - ter	Ja - vel - le
Im - por - tun	In - so - lent	Jeu - nes - se
Im - po - ser	In - spec - teur	Jo - ail - lier
Im - pri - mer	In - spi - rer	Join - té - e
Im - pru - dent	In - stan - ce	Join - tu - re
Im - puis - sant	In - struc - tif	Jo - li - ment
Im - pu - ni	In - sul - ter	Jon - ché - e
In - car - nat	In - té - rêt	Jonc - ti - on
In - cer - tain	In - tri - gue	Jon - quil - le
In - ci - ter	In - vi - ter	Jou - a - ble
In - ci - vil	Is - ra - ël	Jou - bar - be
In - cli - ner		Jou - e - reau
In - con - nu	**J.**	Jou - is - sant
In - con - stant		Jour - na - lier
In - di - ce	Ja - bloi - re	Jour - né - e
In - di - gné	Ja - bo - ter	Joû - te - reaux
In - di - quer	Ja - cé - e	Jou - ven - ceau
In - dis - cret	Ja - cin - the	Ju - bar - te
In - dui - re	Ja - co - bin	Ju - bi - lé
In - dul - gent	Jail - lis - sant	Ju - ge - ment
	Ja - lou - se	
	Jam - ba - ge	Ju -

Ju, ge, re
Ju, gu, ler
Ju, me, lé
Ju, pi, ter
Ju, ran, de
Ju, re, ment
Ju, ris, te
Jus, si, on
Just, au, corps
Jus, te, ment
Jus, tes, se
Jus, ti, ce
Jus, ti, cier

L.

La, bou, rer
Lâ, che, ment
Lai, ta, ge
Lai, tiè, re
Lam, bi, ner
La, men, ter
Lan, ga, ge
Lan, guet, te
Lan, ter, ne
La, pi, der
Lar, ges, se
La, va, ge
Lec, tu, re
Lé, gen, de

Lé, gis, te
Len, de, main
Len, til, le
Lé, o, pard
Li, ai, son
Li, ber, té
Li, brai, re
Li, cor, ne
Lieu, te, nant
Li, gné, e
Li, ma çon
Li, mi, ter
Lin, gè, re
Li, not, te
Li, qui, der
Li, si, ble
Lit, té, ral
Li, vrai, son
Li, vré, e
Lo, gea, ble
Lou, an, ge
Lour, de, ment
Lou, ve, teau
Lu, bri, que
Lu, car, ne
Lu, cra, tif
Lu, et, te
Lu, miè, re

Lu, mi, gnon
Lu, mi, neux
Lu, nai, son
Lu, net, te
Lus, tra, le
Lux, u, re

M.

Ma, chi, ne
Ma, da, me
Ma, ga, sin
Ma, gi, que
Ma, gis, trat
Main, te, nant
Maî, tres, se
Ma, jes, té
Mal, a, droit
Mal, heu, reux
Ma, li, gne
Man, chet, te
Ma, ne, ge
Ma, nœu, vre
Ma, ré, chal
Mar, mi, te
Mas, sa, cre
Ma, te, las
Ma, te, lot
Ma, ter, nel
Ma, tiè, re

Ma,

Ma , ti , neux
Max , i , me
Mé , dail , le
Mé , moi , re
Me , na , çant
Men , son , ge
Mé , pren , dre
Mer , veil , le
Mé , tho , de
Mi , nis , tre
Mi , sè , re
Mi , trail , le
Mo , bi , le
Mon , sei , gneur
Mon , ta , gnard
Mon , ta , gneux
Mou , che , ron
Mous , ta , che
Mou , tar , de
Mou , ve , ment
Mu , a , ble
Mu , rail , le
Mur , mu , re
Mus , ca , de
Mus , cu , leux
Mu , si , cal
Mu , si , cien
Mu , si , que

Mu , tu , el

N.

Na , cel , le
Na , geoi , re
Nais , san , ce
Na , ï , ve
Nar , cis , se
Na , ri , né
Na , sar , de
Na , sil , lard
Na , ti , on
Na , tu , re
Na , tu , rel
Nau , fra , ge
Na , vi , ger
Né , bu , leux
Né , ga , tif
Né , gli , gé
Né , go , ce
Net , toy , er
Neu , vai , ne
Ni , ché , e
Ni , gau , der
Ni , ve , ler
No , bles , se
Noc , tur , ne
Noi , râ , tre
Noi , set , te

No , nan , te
Non , cha , lant
No , ta , ble
No , tai , re
No , ti , ce
No , ti , on
Nou , ail , ler
Nour , ri , ce
Nour , ris , son
Nou , vel , le
No , va , le
No , vem , bre
Nou , a , ge
Nu , an , ce
Nu , bi , le
Nu , di , té
Nu , é , e
Nu , e , ment
Nui , si , ble
Nui , té , e
Nul , le , ment
Nul , le , part
Nu , mé , ral

O.

O , bé , ir
Ob , jec , ter
O , bli , gé
O , bli , que

Ob,

Ob , mét , tre
Obs , cur , ci
Ob , ser , ver
Ob , sta , cle
Ob , té , nir
Oc , ci , dent
Oc , cu , per
O , cé , an
Oc , ta , ve
Oc , to , bre
Oc , troy , er
Œil , la , de
Of , fen , se
Of , fi , ce
Of , fran , de
Oi , gne , ment
Oi , sil , lon
Om , bel , le
Om , bra , ge
Onc , ti , on
On , dé , e
O , pa , que
O , pi , ner
Op , pro , bre
O , ra , ge
O , rai , son
Or , di , naux
O , reil , le

Or , ga , ne
Or , gueil , leux
O , ril , lon
Or , ne , ment
Or , seil , le
Or , to , lan
Or , va , le
O , seil , le
Os , se , le
Ou , a , ge
Ou , bli , er
Ou , bli , eux
Ou , ra , gan
Ou , tra , ge
Ou , tran , ce
Ou , vra , ble
Ou , vra , ge
O , va , le

P.

Pai , si , ble
Pal , pa , ble
Pa , na , che
Pan , thé , on
Pa , pil , lon
Pa , pis , me
Pa , ra , dis
Par , che , min
Pa , re , ment

Pa , res , seux
Par , le , ment
Pa , rois , se
Pa , ro , le
Par , ta , ge
Par , ti , al
Pa , ru , re
Pas , sa , ble
Pas , sa , ge
Pas , se , port
Pas , se , temps
Pas , si , on
Pa , ter , nel
Pa , tien , ce
Pa , tri , ce
Pa , tu , re
Pau , pie , re
Pau , vre , té
Pa , vil , lon
Pé , a , ge
Pe , lu , che
Pen , che , ment
Pé , ni , ble
Pen , si , on
Per , fi , de
Per , met , tre
Per , son , ne
Pe , til , ler

Phos -

Phos, pho, re
Pi, é, té
Pi, gno, cher
Pil, la, ge
Plai, san, ter
Po, lis, son
Pos, si, ble
Pou, lail, ler
Pour, sui, vre
Pré, fa, ce
Pré, somp, tif
Pré, tex, te
Psal, mis, te

Q.

Qua, der, ne
Qua, dran, gle
Qua, dra, tin
Qua, drien, nal
Qua, dri, go
Qua, dril, le
Qua, dru, ple
Quai, a, ge
Qua, li, té
Quan, tie, me
Quan, ti, té
Qua, ran, te
Quar, ru, re
Quar, tai, ne

Quar, ta, nier
Quar, te, nier
Quar, te, ron
Quar, ti, di
Qua, tor, ze
Qua, tre, temps
Qua, tre, vingt
Qua, trie, me
Qua, trien, nal
Quel, con, que
Quel, que, fois
Quel, que, part
Que, nouil, le
Que, rel, ler
Que, rel, leur
Ques, ti, on
Qui, con, que
Quil, bo, quet
Quil, la, ge
Quil, let, te
Quin, cail, le
Quin, quer, ce
Quin, quil, le
Quin, qui, na
Quin, ti, di
Quin, til, le
Quin, tu, ple
Quin, zai, ne

Quin, ziè, me
Qui, os, ser
Qui, pro, quo
Quit, tan, ce
Quo, ail, ler
Quo, li, bet
Quo, ti, dien
Quo, ti, té

R.

Ra, bais, ser
Ra, bat, tre
Ra, brou, cher
Ra, che, ter
Ra, jeu, nir
Ra, ma, ge
Ra, maï, grir
Ran, çon, ner
Rap, pro, cher
Ras, sem, bler
Ra, va, ger
Ra, vau, der
Re, blan, chir
Re, ce, lé
Re, ce, voir
Re, cher, che
Re, cueil, lir
Re, froi, dir
Re, ga, gner
Re,

Re - jail - lir	Rou - el - le	Sor - di - de
Re - join - dre	Rou - geâ - tre	Sou - hai - ter
Re - mâ - cher	Ru - bri - que	Soup - çon - ner
Rem - bar - quer	Ru - el - le	Sou - ve - nir
Ren - for - cer	Rup - tu - re	Sou - ve - rain
Ren - trai - re	**S.**	Spé - ci - al
Re - paî - tre		Spec - ta - cle
Re - plâ - trer	Sa - blon - neux	Sta - ti - on
Ré - pon - se	Sa - cre - ment	Sta - tu - e
Re - pro - che	Sa - ges - se	Sto - i - que
Re - prou - vé	Sai - gné - e	Struc - tu - re
Re - ser - voir	Sain - te - té	Sub - sis - ter
Re - sou - dre	Sa - lai - re	Suc - com - ber
Res - sem - bler	Sa - phi - que	Sup - po - ser
Re - tar - dé	Sau - va - ge	Sur - pren - dre
Re - tou - cher	Sa - va - te	Sur - veil - ler
Re - tran - cher	Sa - vou - reux	Sur - vi - vre
Ré - us - sir	Scor - pi - on	Sus - pen - dre
Re - vol - ter	Sé - an - ce	**T.**
Ri - ca - ner	Se - cou - rir	
Ri - ches - se	Sem - bla - ble	Ta - blet - te
Ri - gou - reux	Sen - si - ble	Ta - pis - ser
Ro - bus - te	Sé - pul - cre	Tei - gnas - se
Ro - cail - le	Se - vè - re	Té - moi - gner
Ro - man - ce	Si - len - ce	Tem - pê - te
Ron - fle - ment	Sin - cè - re	Te - nail - les
Ro - quil - le	Sin - gu - lier	Thé - a - tral
Ros - si - gnol	Soi - ré - e	Toi - let - te
	So - li - de	To - pi - que
	C	Tor-

Tor - til - ler	Tur - bu - lent	**V.**
Tou - pil - lon	Tu - tel - le	
Tour - bil - lon	Tu - tri - ce	Va - can - ce
Tour - men - ter		Va - ga - bond
Tour - te - reau	**U.**	Vais - sel - le
Tout - puis - sant		Va - la - ble
Tra - dui - re	Ul - cè - re	Va - leu - reux
Tra - gi - que	Ul - cé - rer	Va - li - se
Tra - hi - son	U - ni - ment	Va - ni - té
Trai - ta - ble	U - ni - on	Va - ri - é
Trau - quil - le	U - ni - que	Vé - gé - tal
Trans - for - mer	U - nis - son	Vé - hé - ment
Trans - fu - ge	U - ni - té	Ve - nai - son
Trans - la - ter	U - ni - vers	Ven - dre - di
Trans - pa - rent	U - rè - tre	Vé - né - rer
Tra - vail - ler	U - ri - nal	Ven - gean - ce
Tré - bu - cher	U - ri - ne	Vé - ri - té
Treil - la - ge	U - ri - ner	Ver - mil - lon
Tré - pa - ner	U - sa - ge	Ver - mi - ne
Tri - an - gle	U - sa - ger	Ver - mis - seau
Tri - co - ter	U - san - ce	Ver - tè - bre
Tri - ni - té	U - si - té	Ver - ti - ge
Tri - om - phe	U - su - el	Ver - tu - eux
Tris - tes - se	U - su - fruit	Veu - va - ge
Trom - pet - te	U - su - re	Vi - an - de
Tro - phé - e	U - su - rier	Vi - com - té
	U - sur - pé	Vic - ti - me
Trou - vail - le	U - sur - per	Vi - gno - ble
Tu - ni - que	U - te - rin	Vi - gou - reux
	U - ti - le	*Vil-*

Vil - la - ge	Vo - lup - té	**Z.**
Vil - la - geois	Vo - mi - que	Za - cin - the
Vi - nai - gre	Vul - ga - re	Za - gai - e
Vi - pè - re		Zé - lan - de
Vi - sa - ge	**X.**	Zé - lan - dois
Voi - si - ne		Zé - lé - e
Vo - la - ge	Xain - ton - ge	Zé - la - teur
	Xan - thi - um	Zé - phi - re
Vo - lail - le	Xé - no - phon	Zin - zo - lin
	Xi - phi - as	Zo - ï - le
Vo - lon - té	Xi - phi - on	Zo - pis - sa
Vol - ti - ger		

Mois

Mots de quatre Syllabes par ordre Alphabétique.

A.

A-ban-don-né
Ab-jec-ti-on
A-bou-che-ment
Ab-so-lu-ment
Ab-strac-ti-on
Ac-cep-ta-ble
Ac-com-pa-gner
Ac-cou-tu-mé
A-che-mi-ner
Ad-hé-ren-ce
Ad-mi-nis-trer
A-droi-te-ment
Ad-ver-sai-re
Af-flic-ti-on
A-gré-a-ble
A-lou-et-te
A-lu-mi-neux
Am-bas-sa-de
Am-bi-ti-on
A-mi-rau-té
A-mu-se-ment

A-nar-chi-que
A-nec-do-te
An-tarc-ti-que
An-ti-phra-se
A-po-lo-gue
Ap-per-ce-voir
Ap-poin-te-ment
Ar-bi-trai-re
Ar-que-bu-ser
Ar-ti-fi-ce
As-sas-si-ner
As-tro-lo-gue
A-thé-ïs-me
At-ten-ti-on
Au-bé-pi-ne
Au-di-toi-re
Au-ré-o-le
A-van-ta-geux

B.

Ba-di-na-ge
Ba-ga-tel-le
Ba-lan-ci-ne
Ban-que-rou-te

Bar-ba-ris-me
Bar-bouil-lé-e
Bar-gui-gneu-se
Ba-si-li-que
Bas-si-noi-re
Bâ-tar-di-se
Bat-te-ri-e
Bé-a-til-les
Bé-cas-si-ne
Bel-gi-cis-me
Bé-né-dic-tin
Bé-né-fi-ce
Bé-né-fi-que
Ber-ga-mot-te
Ber-ge-ri-e
Bet-te-ra-ve
Bien-sé-an-ce
Bien-veil-lan-ce
Bi-gar-reau-tier
Bil-lo-na-ge
Bi-zar-re-ment
Blan-chis-sa-ge
Blan-

Blan , chis , seu , | Cam , pa , gnar , | Con , dam , na ,
se | de | ble
Blas , phé , ma , | Ca , no , ni , que | Con , fi , an , ce
teur | Ca , pi , taî , ne | Con , fu , si , on
Bo , ca , gè , re | Ca , pi , to , le | Con , nex , i , on
Bom , bar , de , | Ca , pi , tu , ler | Con , sis , toi , re
ment | Ca , pti , ci , eux | Con , ven , ti , on
Bo , ta , ni , que | Ca , é , chis , me | Cos , mo , gra ,
Bot , te , la , ge | Cer , tai , ne , | phe
Bou , di , nlè , re | ment | Cou , ra , geu , se
Bou , le , ver , ser | Cha , lan , di , se | Cou , ver , tu , re
Bour , geoi , si , é | Char , don , ne , | Cré , mail , lè , re
Bran , dil , loi , re | ret | Cré , pus , cu , le
Bri , gan , da , ge | Cha , touil , le , | Cuil , le , ré , e
Bro , ca , tel , le | ment
Bru , ta , li , té | Chi , mé , ri , que | **D.**
Bur , les , que , | Chi , que , nau , |
ment | de | Dam , na , ti , on
  | Cir , con , voi , | Da , moi , sel , le
C. | sin | Dan , ge , reu , se
  | Cir , cu , lai , re | Da , van , ta , ge
Ca , ba , lis , te | Ci , ta , del , le | Dé , bon , nai , re
Ca , ba , ré , tier | Ci , vi , li , té | Dé , ca , che , ter
Ca , gnar , di , se | Co , hé , ren , ce | Dé , chai , ne ,
Cail , lou , ta , ge | | ment
Ca , la , mi , té | Col , la , ti , on | Dé , ci , si , on
Ca , li , four , | Co , lo , quin , te | Dé , cli , nai , son
chon | | Dé , cou , ra , ger
Cal , vi , nis , me | Com , plai , san , ce | Dé , cou , ver , te

Dé, di, ça, ce

Dé, dom, ma, ger

Dé, duc, ti, on

Dé, gé, né, rer

Dé, har, na, cher

Dé, li, ci, eux

Dé, mail, lot, ter

Dé, man, geai, son

De, moi, sel, le

Den, te, lu, re

Dé, plo, ra, ble

Dé, ri, si, on

Der, niè, re, ment

Dés, al, té, rer

Dés, es, pé, ré

Dés, ha, bil, ler

Dés, o, bé, ir

Dé, ter, mi, ner

Dé, ve, lo, per

Di, a, bles, se

Di, a, lec, te

Di, rec, tri, ce

Dis, ci, pli, ne

Dis, tri, bu, er

Di, vi, si, ble

Do, ci, li, té

Do, na, ti, on

Dou, a, riè, re

Drô, le, ri, e

Du, el, lis, te

E.

E, chan, til, lon

E, co, no, me

E, cri, toi, re

E, cri, tu, re

E, di, fi, ce

E, di, ti, on

E, ga, li, té

E, go, ïs, te

E, li, si, on

E, loi, gne, ment

E, me, rau, de

Em, por, te, ment

En, chai, ne, ment

En, ga, ge, ment

En, rô, le, ment

En, tê, te, ment

En, tre, pren, dre

En, tre, te, nir

En, vi, sa, ger

E, phé, mè, re

E, pis, co, pal

E, pi, ta, phe

E, pou, van, tail

E, qui, nox, e

Es, car, mou, che

Es, cla, va, ge

E, tin, cel, le

Eu, ro, pé, en

E, van, gi, le

E, va, nou, ïr

Ex, ac, ti, on

Ex, cep, ti, on

Ex, é, cra, ble

Ex, é, cu, ter

Ex, em, plai, re

Ex, ha, lai, son

Ex, pres, sé, ment

Ex, ten, si, on

Ex, trac, ti, on

Ex, trê, mi, té

F.

F.

Fa, bri, ca, teur
Fa, bu, leu, se
Fâ, che, ri, e
Fa, ci, li, té
Fa, go, ta, ge
Fai, né, an, ter
Fa, mé, li, que
Fa, na, ti, que
Fan, fre, lu, che
Fan, tai, si, e
Fan, tas, ti, que
Fa, ta, li, té
Fau, con, niè, re
Fa, vo, ra, ble
Fé, con, di, té
Fé, li, ci, ter
Fé, ro, ci, té
Fer, ti, li, té
Feuil, le, mor, te
Fi, an, çail, les
Fi, dé, li, té
Fi, gu, ré, ment
Flé, chis, se, ment
Fleg, ma, ti, que

Fon, da, ti, on
For, ma, li, té
For, ma, tri, ce
For, mi, da, ble
For, te, res, se
Four, mil, liè, re
Four, ni, tu, re
Fra, gi, li, té
Fra, ter, ni, té
Fré, né, ti, que
Fri, an, di, se
Fron, tis, pi, ce
Fu, gi, ti, ve
Fu, né, rai, re
Fu, nes, te, ment
Fu, ri, eu, se

G.

Gail, lar, di, se
Gar, çon, niè, re
Gar, de, ro, be
Gar, ga, ris, n.e
Gar, ni, tu, re
Ga, zouil, le, ment
Gé, né, ra, le
Gé, né, ri, que
Gen, til, hom, me

Gen, til, les, se
Gé, o, gra, phe
Gé, o, mé, tral
Ger, ma, ni, que
Gi, be, ciè, re
Gi, ran, do, le
Gi, ro, flé, e
Gi, rou, et, te
Gla, ci, a, le
Go, be, lot, ter
Go, de, lu, reau
Go, gue, nar, der
Gour, gan, di, ne
Gour, man, di, se
Gou, ver, nan, te
Gou, ver, ne, ment
Gra, ci, a, ble
Gra, ci, eu, se
Gra, da, ti, on
Gram, ma, ti, cal
Gra, pho, mè, tre
Gro, fon, du, re
Gra, ve, leu, se
Gre,

Gre-na-diè-re
Gre-na dil-le
Gre-nouil-lè-re
Grif-fon-na-ge
Gron-de-ri-e
Gros-siè-re-té
Gru-me-leu-se
Gué-ris-sa-ble
Guin-de res-se

H. (†)

Ha-bi-le-té
Ha-bi-tu-de
*Ha-que-né-e
*Har-di-es-se
Har-mo-ni-e
Har-mo-ni-eux
*Hâ-ti-ve-té
Hé-bé-té-e
Hé-bra-ï-que
Hé-ca-tom-be
Hé-mis-phè-re
Hé-pa-ti-te
Hé-ral-di-que
Hé-ré-di-té
Hé-ré-ti-que
*Hé-ris-sé-e

Hé-ri-ta-ge
Her-mé-ti-que
Her-mi-ta-ge
Hé-ro-ï-que
Hé-ro-ïs-me
Heu-reu-se-ment
Hi-ron-del-le
*Ho-che-queu-e
Ho-lo-caus-te
Ho-lo-gra-phe
Ho-mo-lo-guer
Hon-nê-te-té
Ho-no-ra-ble
*Hon-teu-se-ment
Ho-ri-zon-tal
Ho-ros-co-pe
Hor-ri-ble-ment
Hos-ti-li-té
Hu-gue-not-te
Hu-ma-nis-te
Hu-ma-ni-té
Hu-mi-di-té

Hu-mi-li-té

I.

I-do-lâ-tre
I-gno-ran-ce
I-ma-gi-ner
Im-bé-cil-le
I-mi-ta-ble
Im-pal-pa-ble
Im-par-ti-al
Im-pé-ra-tif
Im-pi-e-té
Im-pos-si-ble
In-ac-ti-on
In-con-stan-ce
In-dé-cen-ce
In-dic-ti-on
In-di-gne-meut
In-dus-tri-eux
In-fail-li-ble
In-fer-ti-le
In-flex-i-ble
In-gé-ni-eux
In-ha-bi-le
I-ni-qui-té
In-jonc-ti-on

In -

(†) Les H Marquées d'une * s'aspirent.

In - sen - si - ble   Jour - na - liè - re   La - ti - ni - té
In - so - len - ce   Jour - na - lis - te   La - ti - tu - de
In - struc - ti - on   Jour - nel - le -   Lau - ré - o - le
In - tel - li - gent   ment   Lax - a - ti - ve
In - ten - ti - on   Jou - ven - cel - le   Lè - che - fri - te
In - té - ri - eur   Joy - eu - se - ment   Lé - ga - le - ment
In - ter - rè - gne   Joy - eu - se - té   Lé - ga - li - té
In - ti - mi - der   Ju - da - ï - que   Lé - ga - tai - re
In - tro - dui - re   Ju - da - ïs - me   Lé - ga - ti - on
In - u - ti - le   Ju - di - ca - tif   Lé - ga - tri - ce
In - ven - tai - re   Ju - di - ci - eux   Lé - gè - re - ment
In - vin - ci - ble   Ju - gu - lai - re   Lé - gè - re - té
I - ro - ni - que   Ju - ra - toi - re   Lé - gis - la - teur
Ir - ré - gu - lier   Ju - ri - di - que   Lé - gi - ti - me
Ir - rup - ti - on   Jus - qui - a - me   Lé - thar - gi - que
I - ta - li - en   Jus - ti - fi - ant   Li - bé - ra - teur
                          Jus - ti - fi - er   Li - brai - ri - e
                                                     Li - cen - ci - é
J.   Li - cen - ti - eux
                          L.   Li - ga - tu - re
Ja - co - bi - ne   Li - mi - nai - re
Ja - lou - si - e   La - bo - ri - eux   Li - mi - tro - phe
Ja - nis - sai - re   La - bou - ra - ble   Li - mo - na - de
Jar - di - na - ge   La - bou - ra - ge
Jar - di - neu - se   Lo - co - ni - que   Lo - ca - tai - re
Jar - re - tiè - re   La - ma - na - ge   Lo - ga - rith - me
Ja - ve - li - ne   La - men - ta - ble
Jé - co - rai - re   Lan - guis - san - te   Lon - gi - tu - de
Jon - che - ri - e   Las - si - tu - de   Lo - te - ri - e
Jou - is - san - ce   La - ti - ni - ser

Lu - bri - ci - té
Lu - mi - nai - re
Lu - na - ti - que
Lux - u - ri - eux

M,

Ma - chi - nis - te
Ma - gna - ni - mé
Ma - gni - fi - que
Mai - son - net - te
Ma - jes - tu - eux
Mal - ha - bi - le
Mal - heu - reu - se
Ma - ni - fes - te
Map - pe - mon - de
Ma - qui - gnon - ner
Ma - ré - ca - geux
Mar - gue - ri - te
Mas - ca - ra - de
Ma - té - ri - aux
Ma - tri - ci - de
Mé - ca - ni - que
Mé - dail - lis - te
Mé - di - o - cre
Mé - lo - di - eux

Mé - na - ge - ment
Men - ti - on - né
Mer - veil - leu - se
Mé - tho - di - que
Mi - cro - cos - me
Mi - gnar - de - ment
Mi - gnar - di - se
Mi - li - tai - re
Mi - ra - cu - leux
Mi - sé - ra - ble
Mo - bi - li - té
Mo - dé - ra - teur
Mo - nar - chi - que
Mon - da - ni - té
Mo - ra - li - ser
Mor - tu - ai - re
Mo - sa - ï - que
Mouil - le - bou - che
Mu - gis - se - meur
Mul - ti - pli - er
Mu - ni - ci - pal

N.

Na - ï - ve - ment
Na - ï - ve - té
Nan - tis - se - ment

Nar - ra - ti - ot
Na - sil - lar - de
Na - ta - li - té
Na - ti - o - nal
Na - ti - vi - té
Na - tu - rel - le
Na - vi - ga - ble
Na - vi - ga - teur
Né - bu - leu - se
Né - ces - sai - re
Né - ces - si - teux
Né - ga - tive
Né - gli - gem - ment
Né - gli - gen - ce
Né - go - ci - ant
Né - phré - ti - que
Né - po - tis - me
Neu - tra - le - ment
Neu - tra - li - té
Noc - tur - la - be
No - men - cla - teur
No - mi - na - tif
No - nan - tiè - me
Non - cha - lan - ce
Non - cha - lan - te
No -

No - ta - ble - ment
No - ta - ri - al
No - toi - re - ment
Nou - ail - leu - sé
Nour - ris - san - te
Nour - ri - tu - re
Nou - vel - le - ment
Nou - vel - lis - te
No - va - ti - on
Nu - mé - ra - le
Nu - mé - ra - teur
Nu - me - ro - ter

O.

O - bé - is - sant
O - bli - geam - ment
Ob - ser - van - ce
Ob - ser - va - teur
Ob - sti - né - e
Oc - ca - si - on
Oc - ci - den - tal
Oc - to - go - ne
O - cu - lai - re
O - cu - lis - te

O - di - eu - se
Œ - co - no - me
Œ - so - pha - ge
Of - fen - si - ve
Of - fi - ci - al
Of - fi - ci - eux
Oi - si - ve - té
O - lo - gra - phe
Onc - tu - eu - se
O - né - reu - se
O - pa - ci - té
O - pé - ra - teur
O - pi - ni - on
Op - po - si - té
O - pu - len - ce
O - ran - geá - de
O - ra - toi - re
Or - di - nai - re
Or - don - nan - ce
O - reil - let - te
Or - ga - ni - ser
Or - ga - nis - te
Or - gueil - leu - se
O - ri - gi - nal
Or - tho - dox - e
Or - tho - gra - phe

Ou - bli - eu - se
Ou - tra - geu - se
Ou - ver - te - ment
Ou - ver - tu - re

P.

Pa - ci - fi - que
Pail, lar, di, se
Pa, ra, nim, phe
Pa, rent, thè, se
Par, fai, te, ment
Par, ti, ci, pe
Par, ti, cu, lier
Pa, ter, ni, té
Pa, tri, ar, chal
Pa, trouil, la, ge
Pâ, tu, ra, ge
Pé, cu, ni, eux
Pé, dan, tès, que
Pé, ni, ten, ce
Pen, té, cô, te
Pé, nul, tiè, me
Per, cep, ti, on
Per, plex, i, té
Phi, lo, so, phe
Phleg, ma, ti, que

Pi

Pi, lo, ta, ge
Pla, nis, phè, re
Plu, ra, li, té
Po, li, tes, se
Po, pu, la, ce
Por, ce, lai, ne
Pos, ses, si, on
Prag, ma, ti, que
Pré, cau, ti, on
Prè, des, ti, ner
Pré, somp, ti, on
Pré, ven, ti, on
Prin, ci, pau, té
Pri, vi, lè, ge
Pro, duc, ti, on
Pros, pé, ri, té
Pro, vi, den, ce
Pu, bli, que, ment
Pu, ni, ti, on
Pur, ga, ti, on

Q.

Qua, dra, tu, re
Qua, dru, pè, de
Qua, li, fi, é
Qua, ran, tai, ne

Qua, ran, tiè, me
Qua, tor, ziè, me
Quà, triè, me,
Qua, trien, na, le
Que, nouil, let, te
Que, rel, leu, se
Ques, ti, on, ner
Ques, ti, on, neur
Quin, que, no, ve
Quin, ta, di, ner
Quin, tes, sen, ce
Quin, tes, sen, tier
Quin, te, feuil, le
Quo, ti, dien, ne

R.

Ra, che, ta, ble
Rail, le, ri, e
Rai, son, na, ble
Ra, pa, ci, té
Ra, pi, di, té
Ra, ti, on, nel
Ré, a, li, té

Ré, cep, ti, on
Ré, ci, pro, que
Ré, com, pen, se ment
Re, con, noître
Ré, cré, an, ce
Ré, cré, a, tif
Rec, ti, lig, ne
Re, dac, ti, on
Re, dou, ta, ble
Ré, flex, i, on
Ré, li, gi, on
Ré, mis, si, ble
Re, non, çu, le
Re, nou, vel, ler
Ren, trai, tu, re
Re, pré, sen, tant
Re, pro, cha, ble
Ré, pu, bli, cain
Ré, pu, gnan, ce
Ré, so, lu, tif
Res, pon, sa, ble
Re, tar, de, ment
Ré, tro, ac, tif
Ré, u, ni, on
Ré,

Ré - ver - bé - rer	Si - len - ti - eux	**T**
Ré - vé - ren - ce	Sim - pli - ci - té	
Ré - vi - si - on	So - ci - a - ble	Ta - ber - na - cle
Rhé - to - ri - que	Soi - gneu - se -	Tam - bou - ri - ner
Ri - di - cu - le	ment	Tar - di - vi - té
Ri - va - li - té	So - li - tai - re	Tau - pi - niè - re
Rô - ma - nes - que	So - phis - ti - que	Te - les - co - pe
Ru - gis - se - ment	Sou - hai - ta - ble	Te - moi - gna - ge
Ru - ma - tis - me	Sou - la - ge - ment	Tem - pe - ran - ce
	Sou - mis - si - on	Ten - ta - ti - on
S	Spé - ci - fi - que	Ter - mi - nai - son
	Spi - ri - tu - el	Teu - to - ni - que
Sa - cri - fi - ce	Spi - ri - tu - eux	Thé - o - lo - gien
Sai - cis - se -	Sta - tu - ai - re	Ti - mi - di - té
ment	Stra - ta - gê - me	Ti - tu - lai - re
San - gui - nai - re	Su - bal - ter - ne	To - ta - le - ment
Sa - tis - fai - re	Su - bli - mi - té	To - ta - li - té
Sau - ve - gar - de	Sub - sis - tan - ce	Tour - ne - bro -
Scru - pu - leu - se	Sub - ter - fu - ge	che
Sé - cre - te - ment	Su - je - ti - on	Tra - di - ti - on
Sé - di - ti - on	Su - per - be -	Tra - duc - ti - on
Sei - gneu - ri - e	ment	Tra - gé - di - e
Sen - sa - ti - on		Tra - mon - ta - ne
Sen - ti - nel - le	Su - pe - ri - eur	Tran - che - plu -
Sé - pa - ra - ble	Su - per - la - tif	me
Sé - ra - phi - que	Sup - por - ta - ble	Tran - qui - li - té
Ser - pil - liè - re	Sur - crois - san - ce	Trans - fi - gu - rer
Sé - vi - tu - de	Sur - na - tu - rel	Tran , si , ti , on
Sé - vè - re - ment		Tran ,

Tran - si - toi - re	U - ni - vo - que	Ven - tri - cu - le
Trans - pi - ra - ble	Ur - ba - ni - té	Ver - ba - li - ser
Trans - por - té - e	U - re - tè - re	Vé - ri - di - que
Tra - vail - lé - e	U - si - té - e	Vé - ri - ta - ble
Tre - bu - che - ment	Us - ten - si - le	Ver - tu - ga - din
Tre - pi - gne - ment	U - su - el - le	Vé - si - cu - le
Tri - bu - tai - re	U - su - frui - tier	Ves - ti - bu - le
Tri - co - ta - ge	U - su - rai - re	Vi - com - tes - se
Tri - om - pha - teur	U - sur - pa - teur	Vic - to - ri - eux
Tri - po - ta - ge	U - sur - pé - e	Vi - lai - ne - ment
Tu - be - reu - se	U - te - ri - ne	Vi - li - pen - der
Tui - le - ri - e	U - ti - le - ment	Vil - lé - bre - quin
Tu - mul - tu - eux	U - ti - li - té	Vin - di - ca - tif
Tur - bu - len - ce		Vi - o - len - ce
Tur - lu - pi - ner	**V.**	Vi - o - let - te
Tu - te - lai - re		Vir - gi - ni - té
	Va - ca - ti - on	Vi - si - ble - ment
U.	Vail - lan - ti - se	Vi - tu - pè - re
	Va - la - ble - ment	Vo - ca - ti - on
U - bi - qui - té	Va - li - di - té	Voi - si - na - ge
U - na - ni - me	Va - po - reu - se	Vo - la - til - le
U - ni - for - me	Va - ri - a - ble	Vo - lon - tai - re
U - ni - que - ment	Vau - de - vil - le	Vo - lup - tu - eux
U - ni - tai - re	Vé - gé - ta - ble	Vo - mi - toi - re
U - ni - ver - saux	Vé - hé - men - ce	Vo - ra - ci - té
U - ni - ver - sel	Vé - lo - ci - té	Vrai - sem - bla - ble
	Vé - na - le - ment	
	Vé - né - fi - ce	Vul -
	Vé - né - ra - ble	

Vul - ne - rai - re Xi - pho - ï - de Zi - be - li - ne

   X. Xy - lo - lâ - tre Zi - za - ni - e

     Xy - los - te - um Zo - di - a - cal

Xan - to - li - ne

Xe - ran - the -   Z. Zo - di - a - que

 mum Zé - do - ai - re

Mots de cinq Syllabes, par ordre Alphabétique.

    A.   An , ti , pa , thi , que

Ab , di , ca , ti , on A , po , lo , gis , te

A , bé , cé , dai , re Ap , pro , pri , an , ce

A , ber , ra , ti , on Ar , ba , lè , trie , re

Ac , cou , tu , mé , e A , ré , o , mè , tre

A , cri , mp , ni , e A , ro , ma , ti , ser

Ad , mo , di , a , teur Ar , ti , cu , lai , re

Af , fir , ma , ti , on As , si , gna , ti , on

A , gri , cul , tu , re As , tro , lo , gi , que

A , la , ban , di , ne At , tri , bu , ti , on

Al , co , ho , li , ser A , ven , tu , riè , re

Al , lé , go , ri , que A , vi , gno , mi , ser

Al , ter , ca , ti , on Au , then , ti , ci , ré

A , mor , tis , sa , ble Au , to , ma , tis , me

Am , phi , thé , a , tre   B.

A , na , lo , gi , que Bal , li , a , dè , re

An , sé , a , ti , que Ba , rat , te , ri , e

          Bar.

Bar , cel , lo , net , te
Ba , ro , sa , nè , me
Bat , to , lo , gi , e
Bé , a , ti , fi , que
Bé , a , ti , tu , de
Bé , né , di , ci , té
Bé , né , dic , ti , on
Bé , né , fi , cen , ce
Bé , né , fi , ci , al
Bé , né , fi , ci , er
Ber , ge , ron , net , te
Bi , bli , o , gra , phe
Bi , bli , o , phi , le
Bi , bli , o , thè , que
Bi , fur , ca , ti , on
Bi , go , te , ri , e
Bi , o , gra , phi , e
Bis , ca , me , ris , te
Blas , phé , ma , toi , re
Bou , le , ver , se , ment
Bou , ton , ne , ri , e
Bris , so , ti , nis , me
Buc , cel , la , ti , on
Bul , le , ti , nis , te
Bu , reau , cra , ti , e

C.

Ca , ba , lis , ti , que

Ca , chot , te , ri , e
Ca , co , tro , phi , e
Ca , lé , ï , for , me
Cal , cé , do , ni , eux
Ça , lé , fac , ti , on
Cal , li , gra , phi , e
Ca , lom , ni , a , teur
Ca , ni , ba , lis , me
Ca , pi , ta , lis , te
Car , ti , la , gi , neux
Ca , tho , li , ci , té
Cau , ti , on , na , ge
Cham , par , te , res , se
Char , la , ta , nes , que
Chi , ro , gra , phai , re
Cho , ro , gra , phi , que
Chro , no , lo , gis , te
Clé , ri , ca , tu , re
Co , a , les , cen , ce
Com , bi , na , toi , re
Com , pa , gno , na , ge
Com , pro , mis , sai , re
Con , fra , ter , ni , ser
Con , sub , stan , ti , el
Con , tri , bu , a , ble
Co , ro , no , ï , de
Coû , tel , le , ri , e
Cré ,

Cré , di , bi , li , té   Dis , cré , ti , on , nel
Cri , mi , na , li , ser   Di , u , ré , ti , que
                    Do , dé , ca , go , ne

D.   Du , bi , ta , ti , ve
                    Du , pli , ca , tu , re
Da , mas , qui , nu , re   Du , ri , us , cu , le
Dé , bil , lar , de , ment
Dé , bon , nai , re , té
Dé , cha , lan , di , se   **E.**
Dé , cla , ma , toi , re   Ec , clé , si , as , te
Dé , cré , pi , tu , de   E , cla , bous , su , re
Dé , fa , vo , ra , ble   E , cor , che , ri , e
Dé , li , bé , ra , tif   Ef , fer , ves , cen , ce
Dé , li , ca , tes , se   E , gra , ti , gnu , re
Dé , li , tes , cen , ce   E , las , ti , ci , té
Dé , mo , cra , ti , que E , lé , gi , a , que
Dé , no , mi , na , teur E , lo , gi , as , te
Dé , pa , ra , li , ser   Em , blé , ma , ti , que
Dé , pos , ses , si , on   E , mé , ro , ca , le
Des , ap , pro , pri , er Em , man , te , lé , e
Dés , en , rô , le , ment Em , pe , lo , ton , ner
Dés , hon , nê , te , té Em , phi , lo , so , phé
Dés , o , bli , gean , te En , cas , til , la , ge
Dés , ti , tu , a , ble   En , con , te , nan , ce
Dé , tou , pil , lon , ner En , fan , til , la , ge
Dé , ver , gon , da , ge   E , nig , ma , ti , que
Deu , té , ro , no , me   En , ré , gi , tre , ment
Di , plo , ma , ti , que   En , té , ro , cè , le
Dis , ci , pli , na , ble   En , tre , met , teu , se
        D   **E,**

E, pé, ron, nel, le
E, quar, ris, sa, ge
Es, car, po, let, te
Es, ti, o, mè, ne
Es, tra, ma, çon, ner
E, tré, sil, lon, ner
E, van, gé, li, que
Ex, cen, ti, on, nel
Ex, é, cu, ta, ble
Ex, ter, mi, nai, son

F.

Fa, bri, ca, ti, on
Fac, ti, on, nai, re
Fail, li, bi, li, té
Fai, né, an, ti, se
Fan, fa, ron, na, de
Fas, ci, na, ti, on
Fé, dé, ra, lis, me
Fé, dé, ra, li, ser
Fé, dé, ra, lis, te
Fé, o, da, li, té
Fer, men, tis, ci, ble
Fi, dé, ï, com, mis
Fi, dé, jus, si, on
Fi, du, ci, ai, re
Fi, li, pen - du - le
Flex - i - bi - li - té

Flux - i - on - nai - re
Fo - men - ta - ti - on
For - ma - ri - a - ge
For - ti - fi - ca - teur
Fré - quen - ta - ti - on
Fri - a - bi - li - té
Fri - go, ri - fi - que
Fro - men - ta - cé - e
Fu - li - gi - neu - se
Fu - né - pen - du - le
Fu - ni - cu - lai - re
Fu - si - bi - li - té
Fus - ti - ga - ti - on
Fú - tail - le - ri - e

G.

Ga - bi - on - na - de
Ga - lac - to - pho - re
Ga - lan - te - ri - e
Ga, li - ma - fré - e
Ga - li - ma - ti - as
Gé - né - ra - li - ser
Gé - né - ra - li - té
Gé - né - ra - ti - on
Gé - né - ro - si - té
Gen - til - hom - miè - re
Gé - o - dé - fi - e
Gé - o - gra - phi - que

Ge-

Gé - o - man - ti - que   Hé - ré - di - té - me
Gé - o - mé - tri - e   Hé - ré - ti - el - té
Ges - ti - cu - la - teur   Her - ma - phro - di - te
Glos - so - ca - to - che   Hé - té - ro - cli - te
Gra - ci - eu - se - té   Hé - té - ro - dox - e
Gra - du - a - ti - on   Hé - té - ro - gè - ne
Gra - du - a - li - té   Hi - é - rar - chi - que
Gra - du - el - le - ment   Hi - é - ro - dra - me
Gra - vi - ta - ti - on   Hi - é - ro - ni - que
Gre - di - ne - ri - e   Hip - pi - a - tri - que
Guil - lo - ti - na - de   Ho - mo - pha - gi - e
Guil - lo - ti - nai - re   Ho - ro - gra - phi - e

       H. (†)   Hos - pi - ta - li - té
                 Hu - gue - no - tis - me
* Ha - ren - ge - ri - e   Hy - dro - cé - pha - le
Heb - do - ma - dai - re   Hy - dro - gra - phi - e
Hé - li - o - mè - tre   Hy - po - thé - ti - que
Hé - li - os - co - pe
Hé - li - o - tro - pe   **I.**
Hé - ma - to - cè - le   I - di - o - tis - me
Hé - me - ro - ca - le   I - do - lâ - tri - que
Hé - mi - plé - gi - e   Il - lu - mi - na - tif
Hé - mo - pho - bi - e   Im - ma - tri - cu - le
Hé - mor - rha - gi - e   Im - mé - mo - ri - al
* Hé - mor - ro - i - dal   Im - mo - bi - li - té
* Hé - mor - ro - i - des   Im - pa - tri - o - te
Hen - de - ca - go - ne   Im - pri - me - ri - e

            Im -

(†) Les H marquées d'une * s'aspirent

Im - pro - duc - ti - ble
Im - pu - di - ci - té
In - cha - ri - ta - ble
In - co - hé - ren - ce
In - com - pa - ti - ble
In - cor - rup - ti - ble
In - dé - chif - fra - ble
In - dé - cli - na - ble
In - é - ga - li - té
In - é - vi - den - ce
In - hos - pi - ta - lier
In - ob - ser - van - ce
In - o - cu - la - teur
In - struc - ti - on - nel
In - té - gra - li - té
In - ter - mé - di - at
In - ter - sec - ti - on
In - va - li - di - té
Ir - ra - ti - on - nel
Ir - ré - pa - ra - ble
I - so - chro - nis , me
I - ti - né - rai - re

J.

Ja - co - bi - nis - me
Ja - cu - la - toi - re
Jé - ré - mi - a - de
Jou - ail - le - ri - e

Jo - vi - a - li - té
Ju - bi - la - ti - on
Ju - di - ca - tu - re
Ju - di - ci - ai - re
Ju - ri - dic - ti - on
Ju - ris - con - sul - te
Ju - ris - pru - den - ce
Jus - ti - ci - a - ble
Jus - ti - fi - ca - teur
Jus - ti - fi - ca - tif

L.

La - bo - ra - toi - re
La - cé - ra - ti - on
Lan - ter - ne - ri - e
Lan - ti - pon - na - ge
La - pi - di - fi - que
La - té - ra - le - ment
Lec - ti - on - nai - re
Lé - gis - la - ti - on
Lé - gis - la - tu - re
Lé - gi - ti - mai - re
Lé - gi - ti - mi - té
Len - ti - ou , lai , re
Leu , co , pho , bi , e
Le , vi , ga , ti , on
Le , vret , te , ri , e
Lex , i , co , gra , phe

Li-

Li , bé , ra , li , té
Li , ber , ti , ci , de
Li , ber , ti , na , ge
Li , mi , ta , ti , on
Li , que , fac , ti , on
Li , tho , to , mis , te
Lit , té , ra , tu , re
Lix , i , va , ti , on
Lo , go , ma , chi , e
Lon , ga , ni , mi , té
Lon , gi , mé , tri , e
Lon , gi , tu , di , nal.
Lu , thé , ra , nis , me
Lux , u , ri , an , ce

M.

Ma , ca , ro , ni , que
Ma , ghi , fi , cen , ce
Ma , la , co , der , me
Ma , lé , dic , ti , on
Ma , nu , fac , tu , re
Ma , que , rel , la , ge
Ma , ré , chaus , sé , e
Mar , ru , bi , as , tre
Mas , cu , li , ni , té
Ma , tri , mo , ni , al
Mé , con , nois , sa , ble
Mé , mo , ri , a , le

Mer , can , to , nis , te
Mé , ri , di , o , nal
Mé , ta , mor , pho , se
Mé , tro , po , li , tain
Mil , li , on , nai , re
Mi , né , ra , li , ser
Mis , ci , bi , li , té
Mo , dé , ran , tis , te
Mo , nar , chi , ci , de
Mo , no , syl , la , be
Mon , sei , gno , ri , ser
Mon , stru , o , si , té
Mous , que , te , ri , e
Mu , ci , la , gi , neux
Mul , ti , pli , a , ble
Mul , ti , pli , ci , té
Mu , ni , ci , pa , taux
Mu , sul , ma , nis , me

N.

Na , tu , ra , li , ser
Na , tu , ra , lis , me
Na , tu , ra , lis , te
Nu , tu , ra , li , té
Na , vi , ga , ti , on
Né , bu , lo , si , té
Né , ces , si , tan , te
Né , go , ci , a , teur

D 3

Né,

Né , o , gra , phis , me
Né , o , lo , gi , que
Né , o , lo , gi , ser
Né , o , lo , gis , me
Né , o , mé , ni , e
Ne , vro , gra , phi , e
Ne , vro , to , mi , e
Ni , ai , se , ri , e
Ni , gau , de , ri , e
No , bi , li , ai , re
No , men , cla , tu , re
No , mi , na , tai , re
No , mi , na , ti , on
No , na , gé , nai , re
No , na , gé , si , mal
Non , ci , a , ti , on
Non , ci , a , tu , re
No , so , lo , gi , e
Nu , mé , ra , ti , on
Nu , mé , ri , que , ment
Nu , mis , ma , ti , que
Nym , pho , ma , ni , e

O.

O , bé , di , eu , ce
O , bé , is , san , ce
Ob , jur , ga , ti , on
O , bli , ga , ti , on
O , bli , ga , toi , re
Ob , sé , cra , ti , ohs
Ob , ser , va , toi , re
Oc , cu , pa , ti , on
Oc , to , gé , nai , re
O , don , tal , gi , que
O , do , ri , fé , rant
Of , fi , çi , an , te
O , lym , pi , a , de
Om , pha , lo , cè , le
Onc , tu , o , si , té
On , dé , ca , go , ne
O , pi , ni , â , tre
Op , por , tu , ni , té
Or , di , nai , re , ment
Or , di , na , ti , on
Or , fè , vre , ri , e
Or , ga , ni , sa , teur
O , ri , gi , nai , re
Or , ni , tho , man , ce
Or , phe , li , na , ge
Or , tho , dox , i , e
Or , tho , gra , phi , e
Os , cil , la , toi , re
Os , té , o , co , le
Os , té , o , co , pe

P.

P.

Pa - ci - fi - ca - teur
Pal - li - a - ti - on
Pa - pil - lo - ta - ge
Pa - ral - lé - lis - me
Pa - si - gra - phi - e
Pa - tri - o - tis - me
Pé - cu - ni - ai - re
Pé - le - ri - na - ge
Pen - si - on - nai - re
Pé - remp - to - ri - ser
Pé - ris - tal - ti - que
Pes - ti - len - ti - eux
Phan - tas - ma - go - re
Pi - tan - ce - ri - e
Pla - né - to - la - be
Pla - ni - mé - tri - e
Plau - si - bi - li - té
Po - li - chi - nel - le
Po - ly - syl - la - be
Po - ly - thé - is - te
Po - pu - la - ri - ser
Por - ti - on - nai - re
Pos - si - bi - li - té
Pré - cau - ti - on - nel
Pré - cau - ti - on - ner
Pré - dé - ter - mi - ner

Pré - pa - ra - toi - re
Pro - pa - gan - dis - te
Pro - tu - bé - ran - ce
Pu - sil - la - ni - me

Q.

Qua - dra - gé - nai - re
Qua - dra - gé - si - mal
Qua - dra - gé - si - me
Qua - dran - gu - lai - re
Qua - dri - so - li - um
Qua - dri - la - té - ral
Qua - dri - la - tè - re
Qua - dri - syl - la - be
Qué - ri - mo - ni - e
Ques - ti - on - nai - re
Quin - cail - le - ri - e
Quin - dé - ca - go - ne
Quin - qua - gé - nai - re

R.

Ra - di - o - mè - tre
Ra - len - tis - se - ment
Ra - pa - tri - a - ge
Ra - ti - o - ci - ner
Ra - vau - de - ri - es
Ré - ac - ti - vi - té
Ré - ad - mis - si - on
Ré - ci - pi - an - gle

Ré - ci - pro - ci - té
Re - com - man - da - ble
Re - cro - que - vil - ler
Re - dis - tri - bu - er
Ré - du - pli - ca - tif
Ré - gé - né - ra - teur
Ré - gu - ra - li - ser
Ré - im - pres - si - on
Ré - mu - né - ra - teur
Ren - ché - ris - se - ment
Ré - or - ga - ni - ser
Re - pré - sen - ta - tif
Ré - qui - si - toi - re
Ré - sur - rec - ti - on
Ré - vé - ren - ci - eux
Re - vi - vi - fi - er
Ri - di - cu - li - té
Ro - bes - pier - ris - me
Ros - si - gno - let - te
Rô - tis - se - ri - e
Roy - a - lis - te - ment
Ru - mi - na - ti - on

S.

Sa - cra - men - tai - re
Sa - du - cé - ïs - me
Sa - lo - pe - ri - e
Sanc - ti - fi - ca - teur

Sans - cu - lot - ti - de
Sar - do - ni - que - ment
Sa - van - tis - si - me
Scé - lé - ra - tes - se
Se - cré - ta - ri - at
Sé - mi - o - ti - que
Sen - si - bi - li - té
Sé - ré - nis - si - me
Si - dé - ra - ti - on
Si - gni - fi - ca - tif
Si - len - ci - ai - re
Si - phi - li - ti - que
So - li - dai - re - té
Som - nam - bu - lis - me
Sou - ve - rai - ne - té
Spa - das - si - na - ge
Spas - mo - lo - gi - e
Spé - ci - a - li - té
Splan - chno - lo - gi - e
Sta - ti - on - nai - re
Sub - di - vi - si - on
Suc - ces - si - ve - ment
Sur - in - ten - dan - ce
Sur - nu - mé - rai - re
Su - ze - rai - ne - té
Sym - bo - lo - gi - que

T.

T.

Ta - ché - o - gra - phe
Ta - ci - tur - ni - té
Ta - lis - ma - ni - que
Tau - to - chro - nis - me
Tau - to - lo - gi - que
Te - chno - lo - gi - e
Té - lé - gra - phi - que
Té - ré - ben - thi - ne
Tes - ti - mo - ni - al
Té - tra - pé - ta - le
Tex - tu - el - le - ment
Tha - las - so - mè - tre
Tha - las - sar - qui - e
Thé - a - tri - fi - é
To - lé - ran - tis - me
Ton - nel - le - ri - e
To - po - gra - phi - que
Tor - tu - o - si - té
Tra - di - ti - on - nel
Tra - gi - co - mi - que
Trans - co - la - ti - on
Trans - for - ma - ti - on
Tri - an - gu - lai - re
Tri - gau - de - ri - e
Tri - om - pha - le - ment

Tro - po - lo - gi - que
Tu - bé - ro - si - té
Tu - mul - tu - ai - re
Tur - lu - pi - na - de
Ty - po - gra - phi - e

U.

Ul - cé - ra - ti - on
U - na - ni - mi - té
U - ni - for - mi - té
U - ni - ver - si - té
U - ra - nos - co - pe
U - sur - pa - ti - on

V.

Va - cil - la - ti - on
Va - lé - ri - a - ne
Va - li - da - ti - on
Ven - di - ca - ti - on
Vé - ri - di - ci - té
Vé - ri - fi - ca - teur
Ver - mi - cu - lai - re
Ver - sa - ti - li - té
Ver - si - fi - ca - teur
Vé - si - ca - toi - re]
Vé - si - cu - lai - re
Vé - té - ri - nai - re
Vi - cis - si - tu - de
Vi - o - la - ti - on

Vi- -lon-cel-le
Vir-tu-a-li-té
Vi-si-bi-li-té
Vi-si-on-nai-re
Vi-si-ta-ti-on
Vi-tri-fi-a-ble
Vi-tri-o-li-que
Vo-ca-bu-lai-re
Vo-ca-bu-lis-te
Vo-ci-fé-ra-teur
Vo-la-ti-li-ser
Vo-lu-bi-li-té

X.

Xé-ro-pha-gie
Xé-né-la-si-e

Z.

Zo-di-a-ca-le
Zo-o-gra-phi-e
Zo-o-la-tri-e
Zo-o-lo-gi-e
Zo-o-pho-ri-que
Zy-go-ma-ti-que
Zy-mo-sy-mè-tre
Zy-mo-te-chni-e

Mots de six Syllabes, par ordre Alphabétique.

A.

A - ba - tar - dis - se - ment
A - bo - mi - na - ti - on
Ac - cé - lé - ra - ti - on
A - cu - tan - gu - lai - re
Ad - mis - si - bi - li - té
A - lex - i - phar - ma - que
Al - lo - di - a - li - té
Al - ter - na - ti - ve - ment
A - mis - si - bi - li - té
A - na - gram - ma - ti - ser
A - na - thé - ma - ti - ser
A - na - thé - ma - tis - me
A - né - mo - gra - phi - e
A - né - mo - mé - tri - e
An - frac - tu - o - si - té
An - ti - tri - ni - tai - re
A - po - lo - gé - ti - que
Ap - pré - ci - a - ti - on
A - ris - to - cra - ti - que
At - ti - cu - la - ti - on
Au - to - ri - sa - ti - on

B.

Bé - né - fi - ci - a - ble

Bi -

Bi - bli - o - gra - phi - e
Bi - bli - o - ma - ni - e
Bi - bli - o - thé - cai - re
Bim - be - lo - te - ri - e
Bo - ta - no - lo - gi - e

C.

Cal - ci - na - bi - li - té
Ca - lo - ti - no - cra - te
Ca - no - ni - sa - ti - on
Ca - pi - tai - ne - ri - e
Car - ni - fi - ca - ti - on
Ca - té - chu - me - ni - e
Cé - ré - mo - ni - eu - se
Chas - se - ran - de - ri - e
Cir - con - lo - cu - ti - on
Ci - vi - li - sa - ti - on
Co - ha - bi - ta - ti - on
Com - bus - ti - bi - li - té
Com - mis - si - on - nai - re
Com , plex , i , on , né , e
Con , ces , si , on , nai , re
Con , sis , to , ri , a , le
Con , fti , tu , ti , on , nel
Con , ven , tu , a , li , té
Cor , rup , ti , bi , li , té
Cris , tal , li , sa , ti , on

Cy ,

Cy , na , ro , cé , pha , le

D.

Dé , ca , pi , ta , ti , on
Dé , ci , si , on , nai , re
Dé , com , po , si , ti , on
Dé , fec , tu , o , si , té
Dé , gé , né , res , cen , ce
Dé , ja , co , bi , ni , ser
Dé , li , bé , ra , ti , on
Dé , ma , go , gui , net , te
Dé , mé , ta , mor , pho , ser
Dé , na , tu , ra , li , ser
Dé , par , te , men , tai , re
Dé , po , pu , la , ri , ser
Dés , ac , cou , tu , man , ce
Dés , em , pri , son , ne , ment
Di , a , go , na , le , ment
Di , a , phrag , ma , ti , que
Dis , sé , mi , na , ti , on
Do , mi , no , te , ri , e
Dul , ci , fi , cai , ti , on

E.

E , bé , nis , te , ri , e
Ec , clé , si , as , ti , que
E , cri , vail , le , ri , e
E , di , fi , ca , ti , on
E , lé , phan , ti , a , sis

Em ,

Em , phy , té , o , ti , que
Em , py , reu , ma , ti , que
En , dé , ca , syl , la , be
En , to , mio , lo , gi , e
E , pi , gram , ma , ti , que
E , pi , gram , ma , tis , te
E , ty , mo , lo , gis , te
Ex , a , gè , ra , ti , on
Ex , as , pé , ra , ti , on
Ex , cel , len , tis , si , me
Ex , er , ci , ta , ti , on
Ex , pro , pri , a , ti , on
Ex , tra , or , di , nai , re
Ex , ul , cé , ra , ti , on

F.

Fa , mi , li , a , ri , ser
Fa , mi , li , a , ri , té
Fé , li , ci , ta , ti , on
For , ti , fi , ca , ti , on
Fra , ter , ni , sa , ti , on
Fruc , ti , fi , ca , ti , on
Fu , li , gi , no , si , té

G.

Ga , lac , to , po , si , e
Gal , li , co , ma , ni , e

Gé.

Gé - né - a - lo - gi - e
Gé - né - a - lo - gi - que
Gé - né - a - lo - gis - te
Gé - né - ra - fi - ci - de
Gé - né - ra - lis - si - me
Gen - til - hom - me - ri - e
Glo - ri - fi - ca - ti - on
Gou - ver - ne - men - tis - te
Gra - ti - fi - ca - ti - on

H. (†)

Ha - bi - li - ta - ti - on
Ha - bi - tu - a - ti - on
Hé - li - co - so - phi - e
Hé - ma - to - lo - gi - e
Hé - mis - phé - ro - ï - de
*Hé - mor - ro - ï - da - le
Her - bo - ri - sa - ti - on
Hé - té - ro - dox - i - e
His - to - ri - o - gra - phe
Ho - mo - lo - ga - ti - on
Hy - dren - te - ro - cè - le
Hy - dro - dy - na - mi - que
Hy - po - con - dri - a - que

I.

(†) L'H marquée d'une * s'aspire.

I.

I - co - no - gra - phi - e
I - co - no - gra - phi - que
I - co - no - lo - gi - e
I - di - o - pa - thi - e
Il - lé - gi - ti - mi - té
Il - lu - mi - na - ti - on
I - ma - gi - na - ti - ve
I - ma - gi - na - ti - on
Im - mi - sé - ri - cor - de
Im - mo - bi - li - ai - re
Im - mo - dé - ra - ti - on
Im - mu - ta - bi - li - té
In - ap - per - ce - va - ble
In - cu - ra - bi - li - té
In - dif - fé - ren - tis - me
In - dis - ci - pli - na - ble
In - fé - o - da - ti - on
In - qui - si - ti - on - ner
In - ter - cu - ta - né - e
In - ter - pré - ta - ti - on
Ir - ra - ti - on - nel - le
Ir - ré - pré - hen - si - ble
Ir - ri - ta - bi - li - té

J.

Ja - co - bi - ne - ri - e

Ju - ri - dic - ti - on - nel
Jus - ti - fi - ca - ti - on
Jux - ta - po - si - ti - on

H.

La - bo - ri - o - si - té
La - ti - tu - di - nai - re
Lé - ga - li - sa - ti - on
Lé - gi - ti - ma - ti - on
Lon - gi - tu - di - na - le

M.

Ma - gné - ti - sa - ti - on
Mal - lé - a - bi - li - té
Ma - ni - fes - ta - ti - on
Ma - té - ri - a - lis - me
Mé - di - ca - men - tai - re
Mé - di - ter - ra - né - e
Mé - mo - ri - a - lis - te
Mi - né - ra - lo - gi - e
Mu - ci - la - gi - neu - se
Mul - ti - pli - ca - ti - on
Mu - ni - ci - pa - li - ser
Mu - ni - ci - pa - li - té
Mu - ni - ti - on - nai - re

N.

Na - ti - o - na - le - ment
Na - ti - o - ni - ci - de
Né - go - ci - an - tis - me

E   Né

Né - go - ci - a - ti - on
Né - go - ci - a - tri - ce
Neu - tra - li - sa - ti - on
Non - é - mi - gra - ti - on

O.

Ob - si - di - o - na - le
Oc - ca - si - on - nai - re
Œ - cu - mé - ni - ci - té
Of - fi - ci - a - li - té
O - ni - ro - cri - ti - que
O - no - ma - to - pé - e
O - phi - o - la - tri - e
O - pi - ni - â - tre - té
Or - ché - so - gra - phi - e
Or - ga - ni - sa - ti - on
O - ri - gi - nai - re - ment
O - ri - gi - na - li - té
Or - ni - tho - lo - gi - e
Or - ni - tho - lo - gis - te
Or - ni - tho - tro - pi - e

P.

Pa - lin - gé - né - fi - e
Pa - ral - lé - lo - gram - me
Par - ti - cu - la - ris - me
Pa - tri - o - ti - ci - de
Phan - tas - ma - go - ri - e
Po - lis - son - ne - ri - e

Po -

Po - pu - la - ciè - re - ment
Pré - ju - di - ci - a - ble
Pré - li - mi - nai - re - ment
Pri - mo - gé - ni - tu - re
Pro - pi - ci - a - toi - ge
Pro - ver - bi - a - lis - te
Pu - sil - la - ni - mi - té

Q.

Qua - dra - gé - si - ma - le
Qua - li - fi - ca - ti - on

R.

Ré - a - li - sa - ti - on
Re - com - man - da - tres - se
Re - con - ci - dil - a - buble
Ré - gé - ne - ra - tri - ce
Re - mar - qua - bi - li - té
Ré - qui - si - ti - on - neur
Res - pon - sa - bi - li - té
Ré - tro - gra - da - ti - on
Ré - vé - ren - dis - si - me
Ré - vo - lu - ti - on - né
Rhé - to - ri - ca - ti - on
Ri - di - cu - lis - si - me

S.

San - gui - no - cra - ti - e
Sans - cu - lot - te - ri - e
Sé - lé - no - gra - phi - que

Sep-

Sep - tem - bri - sa - ti - on
Sou - mis - si - on - nai - re
Spi - ri - tu - a - li - ser
Sté - ga - no - gra - phi - e
Stel - li - o - na - tai - re
Sté - ré - o - mé - tri - e
Su - pé - ri - eu - re - ment
Su - ré - ro - ga - toi - re
Sus - cep - ti - bi - li - té

T.

Ta - ché - o - gra - phi - e
Ter - gi - ver - sa - ti - on
Tra - di - ti - on - nel - le
Tra - gi - co - mé - di - e
Trans - fi - gu - ra - ti - on
Trans - sub - stan - ti - a - teur
Tré - bel - li - a - ni - que
Tri - go - no - mé - tri - e
Tri - go - no - mé - tri - que
Tri - mul - tu - eu - se - ment

U.

U - ni - ver - sa - li - té
U - ni - vo - ca - ti - on
U - ra - no - gra - phi - e
U - ra - no - mé - tri - e
U - ra - nos - co - pi - e

U-

U , su , fruc , tu , ai , re
U , ti , li , sa , ti , on.

V.

Va , lé , tu , di , nai , re
Va , ri , a , bi , li , té
Vé , ri , fi , ca , ti , on
Ver , si , fi , ca , ti , on
Vi , tri , fi , ca , ti , on
Vi , vi , fi , ca , ti , on
Vo , ci , fé , ra , ti , on

Mots de sept, huit et neuf Syllabes, par ordre Alphabétique.

A.

Al , co , ho , li , sa , ti , on
A , lex , i , py , ré , ti , que
A , mé , li , o , ra , ti , on
A , mé , li , o , ris , sé , ment
A , na , ce , pha , lé , o , se
An , ti , chris , ti , a , nis , me
Ap , pro , vi , si , on , ne , ment
Ar , chi , tec , to , no , gra , phe
Ar , chi , tec , to , no , gra , phi , e
A , ré , o , tec , to , ni , que
A , ris , to , cra , ti , que , ment
A , ro , ma , ti , sa , ti , on

C.

C.

Co , ad , ju , to , re , ri , e
Com , men , su , ra , bi , li , té
Con , chy , di , o , lo , gi , e
Con , di , ti , on , nel , le , ment
Con , fi , den , ti , el , le , ment
Con , sis , to , ri , a , le , ment
Con , sti , tu , ti , on , na , li , té
Con , sti , tu , ti , on , nel , le , ment
Con , sub , stan , ti , a , li , té
Con , sub , stan , ti , el , le , ment
Con , tem , po , ra , né , i , té
Con , ven , ti , on , nel , le , ment

D.

Dés , ap , pro , pri , a , ti , on
Dés , a , van , ta , geu , se , ment
Dés , or , ga , ni , sa ti , on

E.

Ec , clé , si , as , ti , que , ment
Ex , com , mu , ni , ca , ti , on
Ex , tra , ju , di , ci , ai , re , ment
Ex , pé , di , ti , on , nai , re

F.

Fi , dé , i , com , mis , sai , re

G.

Gé , né , ra , li , sa , ti , on

H.

H.

Hy - dro - pneu - ma - to , cè - le
Hys - té - ro - to , mo' , to , ci - e

I.

Im - pres - crip - ti - bi - li - té
In - com - men - su - ra - bi - li - té
In - com - pré - hen - si - bi - li - té
In - con - sti - tu - ti - on - na - li - té
In - con - sti - tu - ti - on - nel - le
In - dé - fec - ti - bi - li - té
In - des - truc - ti - bi - li - té
In - va - ri - a - bi - li - té
In - vul - né - ra - bi - li - té
Ir - ré - con - ci - li - a - ble - ment
Ir - ré - li - gi - eu - se - ment
Ir - ré - mé - di - a - ble - ment
Ir - ré - pré - hen - si - ble - ment
Ir - ré - sis - ti - bi - li - té

L.

La - pi - di - fi - ca - ti - on
Lon - gi - tu - di - na - le - ment

M.

Mer - cu - ri - fi - ca - ti - on
Mé - té - o - ro - lo - gi - que
Mi - né - ra - li - sa - ti - on

N.

Na - tu - ra - li - sa - ti - on
Nu - mis - ma - to - gra - phi - e

O.

Oc - ca - si - on - nel - le - ment

P.

Pa - ral - lé - li - pi - pè - de
Per - pen - di - cu - lai - re - ment
Per - pen - di - cu - la - ri - té
Pré - dé - ter - mi - na - ti - on
Pro - ces - si - on - nel - le - ment
Pro - por - ti - on - nel - le - ment
Pro - vi - si - on - nel - le - ment

R.

Re - con - ci - li - a - ti - on
Ré - é - di - li - ca - ti - on
Ré - ha - bi - li - ta - ti - on
Re - pro - duc - ti - bi - li - té
Ré - qui - si - ti - on - nai - re
Re - vi - vi - fi - ca - ti - on
Ré - vo - lu - ti - on - nai - re

S.

Sé - cu - la - ri - sa - ti - on
Su - per - sti - ti - eu - se - ment

T.

Trans - sub - stan - ti - a - ti - on
Tri - go - no - mé - tri - que - ment

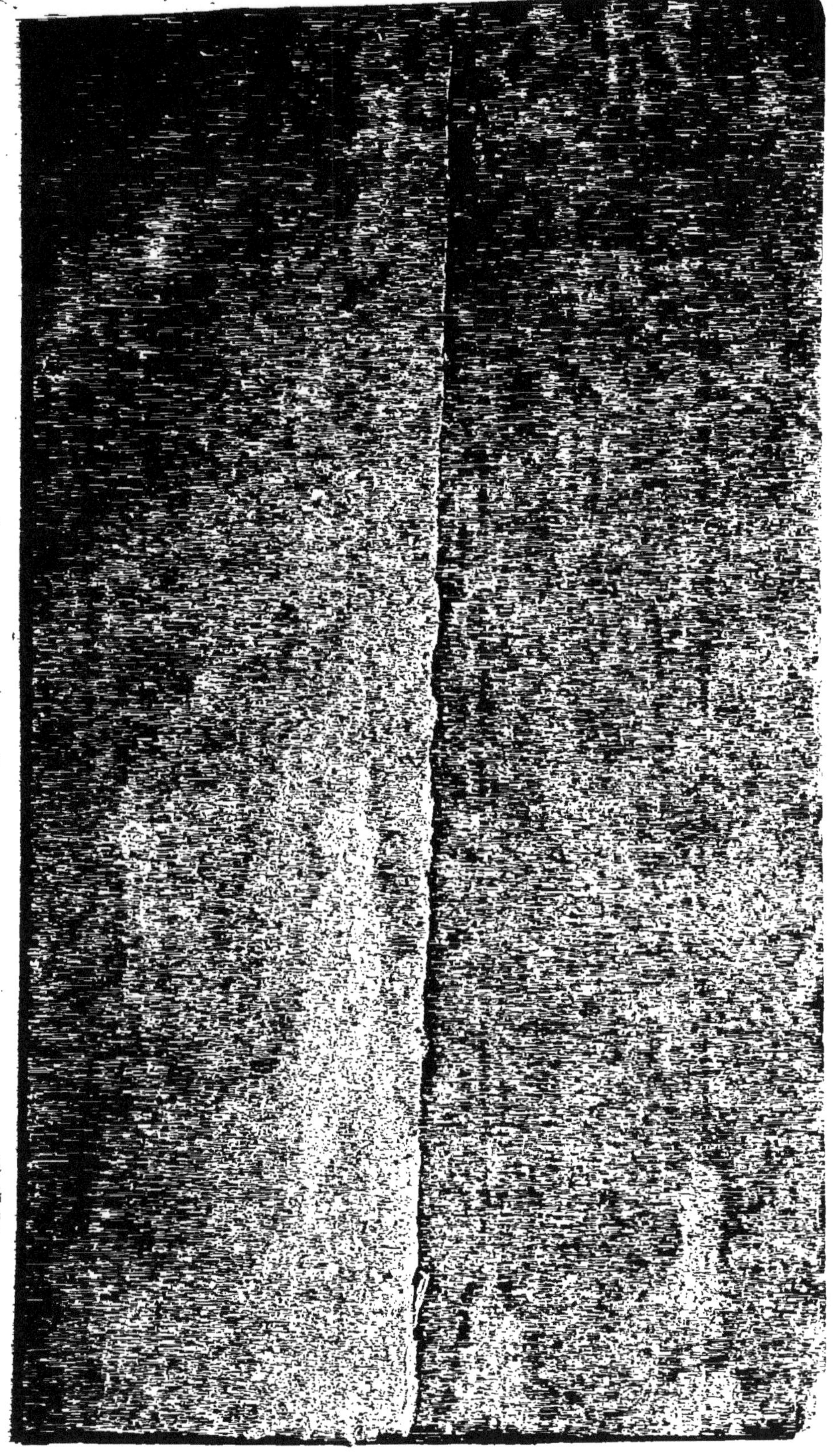

Oc - ca - si - on

Pa - ral - lé - li
Per - pen - di -
Per - pen , di , c
Pré - dé - ter - n
Pro - ces - si - o
Pro - por - ti - on
Pro - vi - si - on

Re - con - ci - li
Ré - é - di - li
Ré - ha - bi - li
Re - pro - duc
Ré - qui - si - ti
Re - vi - vi - fi
Ré - vo - lu - ti

Sé - cu - la - ri
Su - per - sti - ti

Trans - sub - stan
Tri - go - no - m